中国电信业
竞争性改革有效性研究

蔡呈伟◎著

经济管理出版社
ECONOMY & MANAGEMENT PUBLISHING HOUSE

图书在版编目（CIP）数据

中国电信业竞争性改革有效性研究/蔡呈伟著.—北京：经济管理出版社，2020.11

ISBN 978-7-5096-7617-2

Ⅰ.①中…　Ⅱ.①蔡…　Ⅲ.①电信—邮电经济—市场竞争—经济改革—研究—中国　Ⅳ.①F632.5

中国版本图书馆 CIP 数据核字（2020）第 235898 号

组稿编辑：张　昕
责任编辑：张　昕　乔倩颖
责任印制：黄章平
责任校对：董杉珊

出版发行：经济管理出版社
　　　　　（北京市海淀区北蜂窝 8 号中雅大厦 A 座 11 层　100038）
网　　址：www.E-mp.com.cn
电　　话：（010）51915602
印　　刷：唐山昊达印刷有限公司
经　　销：新华书店
开　　本：720mm×1000mm/16
印　　张：10.5
字　　数：114 千字
版　　次：2020 年 11 月第 1 版　　2020 年 11 月第 1 次印刷
书　　号：ISBN 978-7-5096-7617-2
定　　价：88.00 元

前　言

在技术进步中逐渐失去"自然垄断属性"的电信业，依靠政策的时滞性依然享受政策保护，是中国行政垄断行业的典型代表。在过去的 30 年里，中国政府对电信业进行了一系列调整，使之成为国有企业改革中一个具有代表性的案例，同时也是学术研究的重点。2008 年中国政府对电信业进行的兼并重组改革，采取了与之前拆分重组、降低市场集中度相反的策略。通过鼓励中国移动、中国电信和中国联通对中国网通、中国铁通和中国卫通进行收购，重新整合了电信企业，提高了电信业市场集中度。市场集中度上升是与 2008 年之前的改革措施相违背的，但通过兼并让剩下的三大运营商获得全业务牌照实属首次。同时，原本存在的地域性限制也被打破，通过企业间兼并，中国电信、中国移动和中国联通都拥有了在长江南北比较完整的线路布局和业务体系，三者可以同时在长江南北展开竞争。由于企业间业务壁垒被打破，虽然从整体上看，整个行业的集中度提高了，但移动通信业务和固网业务的市场集中度下降。由于这一次改革同时包含市场企业兼并和放开进入限制两种不同的改革措施，并且不同措施对电信业绩效的影响相互矛盾，那么这一次改革是否有效？是否能够提升电信业绩效？这些措施对电信业绩效的影响是什么？本书尝试构建一个能够用于实证的电信业竞争性改革有效性评价框架，并按照该框架以实证的方式回答上述问题。

本书主要以有效竞争理论、古典经济学静态竞争分析和产业经济学经典理论作为基础，结合于良春等（2010）提出的 ISCP 分析范式建立电信业改革措施与电信业绩效之间的联系，建立改革措施与绩效之间的影响路径。再结合中国电信业实际情况，按照改革目的与产业经济学上的绩效概念将电信业绩效划分为两个层次共四个指标，分别是电信业收入、消费者福利和电信业社会服务能力、电信业盈利能力（以不同定义的全要素生产率作为指标），随后按照兼并重组改革"一揽子"措施对电信业市场集中度的影响不同将其分解为两类三个指标，分别是进入许可（包含移动通信市场进入许可和固网业务市场进入许可）和企业兼并。其中进入许可会导致市场集中度下降，企业兼并会导致市场集中度上升。最后在上述分析的基础上构建一个能够利用实证检验 2008 年电信业竞争性改革综合影响的理论分析框架。通过综合使用行业数据和省际面板数据，运用反事实框架、动态距估计（GMM）、联立方程组、曼奎斯特 DEA、随机效应面板模型等对研究结论进行了实证检验，并从多维度对实证结果做出了稳健性检验，提升了结果的说服力。具体来看，本书首先采用匹配法构建反事实框架，对 2008 年电信改革的综合效应进行了分析。随后本书借助行业数据和省际面板数据，运用动态距估计（GMM）方法实证分析了电信业多种改革措施对电信业收入的影响，然后利用新产业组织经济学方法（NEIO）分析了 2008 年电信业竞争性改革对电信业业务平均价格的影响，最后则是对 2008 年电信业竞争性改革对动态效率影响的实证研究。在这一部分中，先采用曼奎斯特 DEA 计算整个电信行业的全要素生产率，再计算电信业竞争性改革对全要素生产率的处理效应，最后分析不同改革措施对全要素生产率的作用。通过定义不同视角下的全要素生产率，可以获知此次改革各种措施对电信业盈利能力和社会服务能力的影响。

本书的内容分为七章，具体内容如下：第 1 章，绪论。这一部分介绍本书的研究背景、问题的提出、研究目标、研究意义、研究方法、研究思路、主要内容、主要创新点。第 2 章，文献综述。这一部分分别从相关理论、电信业垄断的性质、电信业绩效评价、电信业竞争性改革措施对电信业绩效的影响四个层面梳理已有研究成果，并对其进行简要的述评。第 3 章，中国电信业竞争性改革有效性的理论分析。这一部分首先论述判定 2008 年电信业兼并重组改革是竞争性改革的理论依据，并给出电信业改革与电信业绩效之间的影响路径；其次分解电信业绩效多层次指标和 2008 年电信业竞争性改革措施，并分析不同改革措施对电信业盈利能力、消费者福利和全要素生产率的影响路径；最后归纳出一个可以用实证检验的竞争政策有效性分析框架，为本书的实证分析提供理论依据。第 4 章，电信业竞争性改革对电信业盈利的影响。这一部分首先以反事实框架分析了"政策干预"（电信业兼并重组改革）对电信业收入的直接影响，随后分别考察了电信业竞争性改革两种措施对电信业收入的影响。分析不同措施效果之间的矛盾性，试图回答 2008 年电信业竞争性改革对电信业收入影响不显著的原因。第 5 章，电信业竞争性改革对消费者福利的影响。这一部分首先基于新产业组织经济学方法（NEIO）构建了一个"政策干预"（电信业兼并重组改革）的处理效应分析模型，对这一次改革的处理效应进行直接估计。随后在该模型基础上分析不同改革措施对电信业业务平均价格的影响，解释2008年电信业竞争性改革对电信业收入影响不显著的原因。第6章，电信业竞争性改革对全要素生产率的影响。这一部分首先基于曼奎斯特DEA计算了电信业全要素生产率，并将其分解为技术进步、技术效率、规模效率和纯技术效率。然后采用匹配法构造反事实框架，分析2008年电信业竞争性改革的处理效应。最后分别分析2008年电信业竞争性改革不同措施对电信业全要素生产率及其分解的影响。并将最终结论与第5章和第6章的结论相对比，总结2008年电信业竞争性改革的最终效果，回答此次兼并重组改革是否有效。第7章，结论与政策建议。这一部分对全书研究进行归纳总结，回答此次改革是否有效，并提出相应的政策建议。

综观全文，得出的主要结论如下：

第一，移动通信业务市场进入许可提高了电信业收入，而固网业务市场进入许可和企业兼并降低了电信业收入，最终这三者之间相互抵消，导致2008年电信业竞争性改革对收入不存在显著影响。在不存在竞争的移动通信业务市场引入新竞争者，能够修正垄断造成的市场失灵，促进市场调节资源配置功能的正常运转，减少无谓损失提高电信业的收入。而在已经存在竞争的固网业务市场，继续强化竞争容易引发"过度竞争"。第二，移动通信业务市场进入许可降低了电信业业务平均价格，而固网业务市场进入许可和电信业市场集中度上升提高了电信业业务平均价格，最终这三者之间相互抵消，导致 2008 年电信业竞争性改革对电信业业务平均价格不存在显著影响。第三，2008 年电信业竞争性改革措施仅对电信业规模效率产生了影响，而对纯技术效率和技术进步没有显著影响。其中移动通信业务市场进入许可提高了电信业规模效率，而固网业务市场进入许可和电信业市场集中度上升则降低了电信业规模效率，且提高不及抵消的部分，最终导致电信业规模效率下降。进一步分析表明，全要素生产率提高依赖于附加值较高的移动通信业务对固网业务的取代，而 2008 年的电信改革对其缺乏引导作用。虽然 2008 年的电信业竞争性改革对电信业绩效和电信业务价格均产生了一定影响，但是这些影响相互牵制、抵消，最终导致整体作用不明显。第四，综合考虑 2008 年电信业兼并重组改革的直接冲击和长期影响，可以认为此次改革是一次有效的竞争性改革。由于此次改革的直接冲击在一定程度上维持消费者福利不变，并大幅提高了电信业收入，在全社会范围内，此次改革是成功的，增大了全社会的总剩余，因此这一次改革是有效的。

目　录

第 *1* 章 绪 论

1.1 研究背景与问题提出

自改革开放以来，我国政府不断推动并深化市场化改革。在党的十七大报告中，政府更强调了"从制度上更好发挥市场在资源配置中的基础性作用"，在党的十八大报告中，同样强调了"靠市场化改革完成转型"。在推行市场化改革的过程中，一个不可避免的问题就是如何对逐渐失去"自然垄断属性"却依然享受行政垄断保护的国有企业进行市场化改革，引入竞争激发企业活力提高行业绩效。作为国有企业改革中一个具有代表性的案例，电信业竞争性改革是学术研究中的重点。特别是 2008 年中国政府对电信业进行的兼并重组改革，采取了与之前拆分重组、降低市场集中度相反的策略，通过鼓励中国移动、中国电信、中国联通对中国网通、中国铁通和中国卫通进行收购，重新整合了电信企业，提高了电信业市场集中度。通过深入研究政府在 2008 年对中国电信业进行调整所执行的策略对电信业的影响，能够给学术和实践上提供相当的帮助。本小节对研究背景的论述分为两部分，分别是电信业的发展过程和电信业的改革进程。在对这两部分进行归纳后，对 2008 年电信业竞争性改革与 2008 年之前的改革异同之处以及 2008 年电信改革对电信业发展的影响提炼出研究问题。

1.1.1　研究背景

改革开放后，我国电信业经历了三个发展阶段，每一次均代表着电信业发生了破坏型创新，生产函数发生改变。从电信企业在通信市场上的创新可以将电信业的发展过程划分为三个阶段：2006 年前的固定电话普及率快速上升阶段；2003~2014 年移动电话普及率快速上升、固定电话普及率先升后降阶段；2009 年以后增值业务收入占电信业总收入之比快速上升阶段。在本书所划分的三个阶段中，电信业在通信市场表现出了不同的技术特征。由于通信市场在空间上的分散，不同业务的推广存在滞后性，即使某项技术落后，也不会瞬间失去市场，因此第一阶段、第二阶段和第三阶段三者在时间上的重合并不与电信业的发展相矛盾。

电信业第一次发展来自固定电话的普及。1990 年，我国固定电话普及率不足 0.6%，远低于世界水平。到 2003 年，我国固定电话普及率已经飞跃至 21%[①]。这一时期是固定电话发展的黄金时期，与同期的移动电话相比，固定电话普及率增速远高于移动电话普及率增速。在这一时期内电信

---

① 本处所用数据来自 2004 年统计局网站公布的电信业发展统计公告。

业在通信市场的创新属于市场创新。伴随收入水平的上升，消费者对电话进行语音交流的渴望大大增长，通信市场存在巨大的需求，因此电信运营商通过进入一个近乎空白的市场，获得了高速的发展。

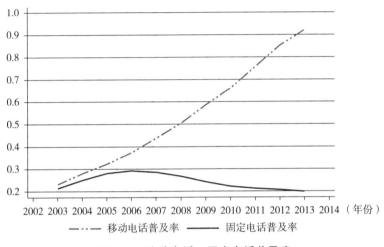

图 1-1　移动电话、固定电话普及率

　　电信业第二次发展是移动电话逐渐取代固定电话成为消费者的第一选择。自 1999 年起，通信市场上移动电话开始高速增长，在 2003 年，移动电话普及率已经与固定电话普及率不相上下，随后普及率增长速度远超固定电话普及率的增长速度，如图 1-1 所示。到 2013 年，移动电话普及率已经达到了 90.8%。同时，移动电话对固定电话产生了替代效应，伴随移动电话普及率的上升，固定电话普及率逐渐下降，在 2013 年，固定电话的普及率已经下降至 9.7%，远低于 2003 年水平。这一时期内电信业同时处于产品创新和市场创新之中。移动电话作为一种新的产品，因其使用便捷广受消费者欢迎，同时也催生了移动通信市场。由于在移动电话出现的早期移动电话十分昂贵，通信费用也十分高昂，仅有极少部分人能够拥有。因此在 1990～2006 年，移动电话是作为固定电话的补充，两者的市场并未完全饱和，两者普及率均有很高的增速。伴随全民收入提升，移动电话因其便捷、功能强大而获得消费者青睐，越来越多的消费者选择移动电话。而移动电话就基本满足了消费者的通信需求，不再需要固定电话。移动电话由固定电话的补充变为固定电话的替代品，因此自 2006 年起固定电话普及率增速下滑乃至负增长。这一时期的特征是语音与数据间的相互替代。传统的数据业务包含宽带数据和移动数据业务，受限于宽带的便捷性和移动数据基站覆盖面积以及传输效率，两者并未与语音业务产生竞争。但伴随移动数据网络覆盖范围的扩大、互联网的普及和即时语音软件的兴起，依附于数据业务的即时语音通信软件对传统的短信和语音业务产生冲击，作为短信和语音业务的替代品，微信、易信和 iMessage 等软件所具有的信息收发和语音聊天功能更易于使用，并且以数据的形式通过运营商。虽然数据业务量上升，但由于语音业务拥有远超数据业务的利润率，且拥有如彩铃、漫游和月租等附属型业务收入，因此数据业务取代短信和语音业务造成电信运营商总利润率下降。

在第三次电信业发展阶段，业务总量和业务收入之间出现巨大的剪刀差，昭示着电信运营商利润率下降。事实上，在 2011 年后中国移动外的电信运营商都处于亏损边缘，随着时间流逝，逐渐陷入亏损旋涡之中。之所以中国移动能够维持盈利而其他电信运营商出现亏损，是因为移动电话网络具有强网络外部性，在这一市场中国移动拥有强大市场势力，限制了中国电信和中国联通开拓市场，使上述企业在移动电话业务市场的发展受限，难以获得丰厚利润。同时，微信、易信、iMessage 等手机软件依托于移动网络传递数据，因此数据业务收入的大部分收益被中国移动掠取，而作为传统宽带提供商的中国联通和中国电信难以参与其中。最终，在电信运营商之中，中国移动依靠早期积累的用户群和移动网络被动地分享了第三次电信业发展所带来的创新红利，成为三大电信运营商中的绝对霸主。

电信业竞争性改革可以粗略地划分为两个阶段：第一阶段是拆分；第二阶段是整合。而在这两个阶段中，则掺杂着其他改革，例如在第一阶段的拆分中包含产权改革，在第二阶段的整合过程中包含着许可牌照的发放。

早期的电信业具有自然垄断性质。在国家财政紧张、社会资本积累不足时，为了减少重复建设，充分利用规模经济和范围经济，我国政府采取了"集中力量办大事"的方法，以政企合一的方式提供初始的电信业服务。伴随经济发展和技术进步，原本出于效率角度所设置的垄断规则逐渐松动。由于技术发展，无线网络、卫星、光纤的出现，替代了原本铜绞线为主的信号传递方式，大幅度降低了电信网络的铺设成本，这种技术变迁彻底改写了电信业的成本函数，削弱了规模经济和范围经济的重要程度，使其失去了自然垄断的属性。同时，垄断造成了行业内企业的层级化、行政化、创新意愿不足、优化经营意愿不足等问题。相对于竞争带来的效率提升，垄断所带来的收益逐渐降低。正因如此，政府试图在电信行业引入竞争。这种努力从早期的邮电部改制开始，经历了联通成立、邮电分营、移动独立等一系列改革，在

2007 年形成了中国电信、中国网通、中国移动、中国联通、中国卫通、中国铁通六家基础电信运营企业。在这一时期同时进行了电信业产权改革。通过将各省电信企业逐步上市，引入民间资本，改良资本结构，最终由母公司逐步收购。政府希望能够通过引入民间资本，改良企业资本构成的方式激活企业主观能动性，提高企业组织活力。这一系列改革起到了良好的效果，电信行业得到了高速发展，电信业电话普及率和整体收入大幅度上升，各个企业之间形成了良性的竞争。但是技术环境改变极其迅速，伴随国民收入上升，移动电话迅速取代固定电话，在爆炸式发展新客户的同时侵蚀固定电话市场。朝夕之间，电信行业内各企业盈利出现了极大差距。在 2007 年，以移动网络为代表的中国移动占据了整个电信业营业收入的 56.4%，在新增电信收入中的份额已经达到了 90.3%，完全压制了中国电信和中国联通，而其余小型运营商的收入已经完全陷入亏损。这一情景的背景是，我国电信业市场存在人为的进入限制，这种限制可以分为经营范围限制和业务种类限制，南北分立、业务隔断所导致的错位竞争侵蚀了改革取得的成果。由此我国电信业竞争性改革进入了第二阶段。

由于竞争错位，移动通信业务和固网业务的分割，中国移动能够借助固定电话被移动电话取代的契机快速发展，而中国电信受限于经营许可无法抓住这一机遇，中国联通也无法获得优质资源快速发展，最终导致移动"一家独大"，以前的不对称规制不仅没有克服垄断，反而强化了垄断（李荣华、傅天明、欧阳晓风，2007）。因此电信企业之间产生了人为的技术差距和资源差距，这种企业间的不平衡降低了电信业效率。为解决这一问题，2008 年我国政府再一次调整了电信业市场结构，这一次的调整主要是针对中国移动"一家独大"的状况。由于电信业利润主要集中在移动通信领域，中国电信和中国联通等运营商长期处于亏损边缘，为了实现资源合理分配，保证企业盈利，政府通过整合相对较弱的电信运营，人为地构建一个合理的、能够有效竞争的产业结构。

1.1.2 问题提出

2008 年电信业兼并重组改革导致市场集中度上升，这一点与 2008 年之前的电信业改革措施相违背，但通过兼并让剩下的三大运营商获得全业务牌照实属首次。通过兼并，中国移动获取了固网业务市场的进入资格，同样中国联通和中国电信也获得了移动通信市场的进入资格。同时原本存在的地域性限制也被打破，中国联通和中国电信可以同时在长江南北展开竞争。通过企业间兼并，中国电信、中国移动和中国联通都拥有了在长江南北比较完整的线路布局和业务体系。由于企业间业务壁垒被打破，虽然从整体上看整个行业的集中度提高了，但业务层面上移动通信业务和固网业务的市场集中度下降。由于这一次改革同时调整了电信业市场结构和作为电信市场主要构成部分的移动通信业务分市场和固网业务分市场的市场结构，因此在考察 2008 年电信改革的影响与作用时，需要回答如下问题：电信业绩效表现体现在哪些方面？2008 年中国电信业竞争性改革对电信业绩效这些层面产生了何种影响？2008 年中国电信业竞争性改革是否有效？这三个问题是本书所要解决的核心问题。

1.2 研究目标与研究意义

1.2.1 研究目标

本书以2008年电信业竞争性改革措施之间的矛盾性作为切入点，分别从进入许可和市场集中度上升两大视角，从电信业兼并重组改革的直接冲击与长期影响两个维度，探究2008年电信业竞争性改革对电信业绩效的影响。进而在中国电信业特定技术条件的约束下深入研究2008年电信业竞争性改革对电信业发展的影响。具体来讲，本书的研究试图达到下列目标：

第一，分解多层次的电信业绩效，尽量覆盖电信业绩效的全貌；按照对市场集中度影响方向的不同，分解2008年电信业兼并重组改革的"一揽子"政策措施。在产业经济学中，绩效是一个宽泛的概念，不仅指特定行业的盈利能力，也包含该行业对社会的影响、资源技术效率或生产效率、技术进步等多层次概念。2008年的电信业兼并重组改革会对电信业造成一个直接冲击，同时也会对电信业发展带来长期影响。为了能够准确把握这次改革不同措施对电信业绩效的影响，本书将电信业绩效表现划分为两个层面四个指标，分别是反映直接冲击的两个指标：行业收入和消费者福利；反映长期影响的两个指标：代表电信业社会服务能力的全要素生产率和代表企业盈利能力的全要素生产率。而这一次改革"一揽子"措施中，进入许可会降低市场集中度，而企业兼并会提高市场集中度，因此将这两种措施分开进行研究。

第二，明确 2008 年电信业竞争性改革对电信业收入的影响。在一个确定的技术背景下，电信业收入多寡直接体现了电信业的盈利能力，通过考察这一问题，能够分析 2008 年电信业竞争性改革对电信业盈利能力的影响是通过提高市场势力而来还是通过强化竞争激发行业内企业活力而来，以及对电信行业盈利能力的影响。

第三，明确 2008 年电信业竞争性改革对电信业业务平均价格的影响。消费者福利与价格有着直接关系。在电信业消费者大幅增加的情况下，通常可以认为，价格下降则消费者福利上升，反之亦然。通过分析 2008 年电信业竞争性改革对价格的影响，可以得知这一次改革对消费者的利弊。

第四，明确 2008 年电信业竞争性改革对电信业全要素生产率的影响。第二个和第三个问题属于对这次改革对电信业直接冲击的分析，而该问题则属于长期影响分析。由于在一个动态的市场中，企业通过技术创新降低成本、扩大规模，表现为市场集中度上升。随后其他企业通过技术创新降低成本追赶领先者，扩大规模，最终表现为市场集中度下降。因此可以通过考察这一次改革多种措施对全要素生产率的影响判断这一次改革是否有利于电信业长期发展。进一步通过定义不同的全要素生产率，并比对其对不同改革措施的反应，可以获得更详细的信息。

1.2.2　研究意义

在理论上，借助于新产业经济学理论和 ISCP 分析范式，本书构建了一个便于实证检验的电信业竞争性改革实证分析框架。首先，依据电信业兼并重组改革的目的和产业经济学理论将电信业绩效分解为三个层面：企业收入、消费者福利、企业长期发展（用全要素生产率代替）。其次，依据不同改革措施对市场集中度影响差异将 2008 年电信业兼并重组改革"一揽子"措施分解为：进入许可（包含移动通信业务市场和固网业务市场进入许可）和企业兼并。再次，依照 ISCP 分析范式定义不同改革措施对绩效指标的影响路径。最后，构建了一个具有普遍性的电信业竞争性改革对电信业绩效影响分析框架，借助此框架能够更加直观地显示2008 年电信竞争性改革对电信业绩效的多重影响，并揭露改革措施与电信业绩之间的作用路径以及不同改革措施之间会产生冲突的内在机理。这一框架不仅适合于对电信业竞争性改革的有效性分析，也适用于类似的具有行政垄断性质的行业，例如供电和自来水。相信本书的研究成果能够为其他学者对类似的综合型改革进行研究时提供参考。

在实践上，本书的研究结果表明电信业竞争性改革的核心是放开进入限制，强化竞争。本书深入分析了 2008 年电信业竞争性改革中多种措施对电信业绩效的影响，并着重研究了不同措施的效果之间的不同。结果表明：市场集中度上升必然会强化垄断，虽然进入许可会促进竞争，但是在一个已经存在竞争的市场引入新竞争者会造成过度竞争降低绩效。因此在对行政垄断型行业的改革中，应尽量避免出台提高市场集中度的措施；在垄断市场放开进入限制，强化竞争，确保市场发挥基础性资源配置调节作用；对存在竞争的部分市场则应慎重对待，在充分调查研究后决定是否增加新的竞争者。本书研究成功有助于帮助政策制订者看清我国电信业发展规律和未来的改革道路，同时本书的结论对于其他垄断型行业如航空、供电、供水等有借鉴意义。

1.3　研究框架

1.3.1　研究方法与研究思路

在研究中本书结合理论分析与实证分析，基于现有理论构建了一个能够充分涵盖 2008 年电信业兼并重组改革"一揽子"政策和中国电信业特征的实证分析框架，在这一框架中理顺了这次改革多项措施对电信业绩效的多层次作用路径，并对 2008 年电信业兼并重组"一揽子"改革政策和电信业绩效表现之间的关系进行深入探讨。随后在这一基础上综合运用电信业省际面板数据和行业数据，结合前沿实证方法研究此次电信业改革的作用，判断其是否有效地促进了电信业发展。

在理论方面，本书主要以古典经济学静态竞争分析和产业经济学中 SCP 框架（哈佛学派结构主义观点）、新产业组织理论作为理论支撑，使用 ISCP 分析框架进行研究，最终构建了一个便于实证检验的电信业竞争性改革有效性分析框架。具体来看，本书基于 ISCP 框架建立政府干预、市场集中度与绩效之间的联系，在结合中国电信业实际情况，将电信业绩效划分为企业盈利、消费者福利和全要素生产率，随后按照对市场集中度的影响将电信业竞争性改革措施分解为进入许可和企业兼并，构建一个多层次实证分析框架。在对电信业竞争性改革多种措施造成的价格变化、消费者剩余和无谓损失等概念进行解释时，则采用古典经济学完全竞争市场、垄断竞争和市场均衡等相关概念。最后，借助新产业组织理论的观点，对第 4 章、第 5 章的静态分析与第 6 章的动态分析对比，评价 2008 年电信业竞争性改革的综合影响。

在实证方面，本书综合运用电信业行业级数据和省际面板数据，采用反事实框架、动态距估计（GMM）、联立方程组、曼奎斯特 DEA、随机效应面板模型等验证模型，并从多维度检验实证结果的稳健性，确保实证结果的准确性与说服力。本书首先采用匹配法构建反事实框架，对 2008 年电信改革的综合效应进行了分析。随后本书首先借助行业数据和省际面板数据，运用动态距估计（GMM）方法实证分析了电信业多种改革措施对电信业收入的影响，随后利用新产业组织经济学方法（NEIO）分析了 2008 年电信业竞争性改革对电信业业务平均价格的影响，最后则是对 2008 年电信业竞争性改革对动态效率影响的实证研究。在这一部分中，先依照第 3 章提出的分析框架采用曼奎斯特 DEA 计算整个电信行业代表社会服务能力的全要素生产率及电信业盈利能力的全要素生产率，再计算电信业竞争性改革对两种含义的全要素生产率的处理效应，最后分析不同改革措施对这两种全要素生产率的影响。通过对比不同改革措施对不同定义下的全要素生产率变动影响的异同，分析电信业兼并重组改革的长期影响。

本书的研究思路如图 1-2 所示。具体来讲，本书第 3 章分别从绩效的多层含义和 2008 年电信改革的两种措施着手，从直接冲击（电信业盈利、消费者福利）和长期影响（包含代表社会服务能力和企业盈利能力的全要素生产率）两个维度四个层面分别考察市场企业兼并和进入许可的影响。其中第 4 章和第 5 章分析电信业兼并重组改革对电信业盈利能力和消费者福利的影响，第 6 章分析此次改革对全要素生产率的影响。综合考虑电信业兼并重组改革直接冲击和长期影响，能够全面考察 2008 年电信业竞争性改革对电信业绩效的综合影响，评价此次改革是否有效。最终，在上述理论和实证分析的基础上提炼结论并给出政策建议。

1.3.2 主要内容

本书内容共分为七个章节，具体内容如下：

第 1 章是绪论。这一部分首先介绍了本书的研究背景、研究问题和研究目标，以及研究意义，随后介绍了本书的研究方法、研究思路、主要内容、创新点。

第 2 章是文献综述。这一部分分别从电信业垄断的性质、电信业绩效评价、电信业竞争性改革措施对电信业绩效的影响三个层面梳理已有研究成果，并对其进行简要的述评。

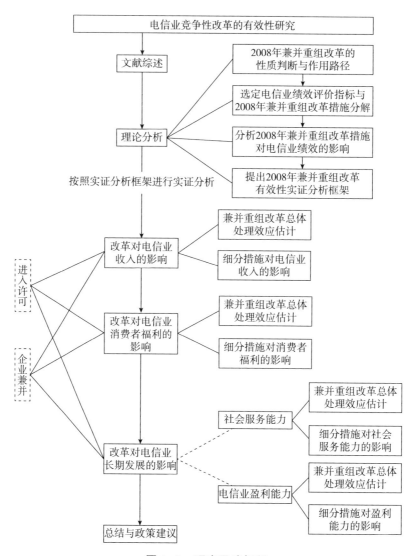

图 1-2　研究思路框架

　　第 3 章是中国电信业竞争性改革有效性的理论分析。这一章分为 5 节：第 1 节论述 2008 年电信业竞争性改革的理论依据。第 2 节依据产业经济学中绩效的概念定义多层次的电信业绩效指标。第 3 节依据电信业兼并重组"一揽子"政策对电信业市场结构影响的异同细分电信业改革政策。第 4 节借助 ISCP 分析范式给出电信业兼并重组改革不同政策对电信业绩效的影响路径与影响结果。第 5 节归纳第 2、第 3、第 4 节的内容，给出电信业兼并重组改革对电信业绩效影响的可用于实证检验的分析框架，总结 2008 年电信业竞争性改革对电信业绩效的综合影响，为本书的理论分析提供事实依据。

第 4 章是电信业竞争性改革对电信业盈利的影响。这一部分首先以反事实框架分析了"政策干预"（电信业兼并重组改革）对电信业收入的直接影响，随后分别考察了电信业竞争性改革两种措施对电信业收入的影响。分析不同措施效果之间的矛盾性，试图回答 2008 年电信业竞争性改革对电信业收入影响不显著的原因。

第 5 章是电信业竞争性改革对消费者福利的影响。这一部分首先基于新产业组织经济学方法（NEIO）构建了一个"政策干预"（电信业兼并重组改革）的处理效应分析模型，对这一次改革的处理效应进行直接估计。其次在该模型基础上分析不同改革措施对电信业业务平均价格的影响，解释 2008 电信业竞争性改革对电信业收入影响不显著的原因。最后综合第 4、5 章的内容，综合评价 2008 年电信业兼并重组改革在短期内是否有效。

第 6 章是电信业竞争性改革对全要素生产率的影响。这一部分首先基于曼奎斯特 DEA 计算了电信业全要素生产率，并将其分解为技术进步、技术效率、规模效率和纯技术效率。其次采用匹配法构造反事实框架，分析 2008 年电信业竞争性改革的处理效应。最后分别分析 2008 年电信业竞争性改革不同措施对电信业全要素生产率及其分解的影响。并将最终结论与第 5 章和第 6 章的结论相对比，总结 2008 年电信业竞争性改革的最终效果，评价此次改革整体上是否有效。

第 7 章是结论与政策建议。这一部分对全书研究进行归纳总结，并提出相应的政策建议。

1.4　创新点

本书的创新点主要集中于以下三个方面：

（1）本书构建了一个可以用实证方法判断电信业竞争性改革是否有效的分析框架。该分析框架考虑了电信业不同改革措施对电信业收入、消费者福利和电信业技术进步的综合作用。本书以经济目的为基础构建一个三层次绩效指标体系，分别是企业收入、消费者福利和技术进步。这三层绩效指标涵盖了电信业兼并重组的直接目的"改善盈利"和"更好地服务群众"以及最终目的"促进电信业健康发展"。与此同时，依据对市场结构的作用不同将电信业改革措施分解为企业兼并与进入许可两部分，以便从实证角度细分不同改革措施对三层次电信市场绩效的影响，对改革是否有效进行评价。

（2）本书加入市场绩效对市场结构的反馈作用，从市场均衡变动角度对比分析不同电信业改革对企业收入和消费者福利的影响，以揭示电信改革对这两者影响的作用机理。2008 年的电信业兼并重组对电信业造成第一次冲击，随后电信企业会依据市场绩效调整企业行为，这种调整再反作用于市场结构。通过采用 GMM 估计和联立方程组，将这种反馈效应加入模型能够有效减少内生性，提高研究精度。对比企业收入和消费者福利对具体改革措施的反应，能够充分揭示不同措施对市场绩效的作用原理，辨别企业是否依赖于电信改革带来的市场势力变化操纵价格，以减少消费者福利的方式提高企业收入。最终发现电信业兼并同时降低了企业收入和消费者福利，进入许可同时提高了企业绩效和消费者福利，这两种效果相互抵消，导致改革整体效果不显著，此次改革对电信业绩效的直接作用缺乏效力。

（3）本书从技术进步的视角研究电信业改革对电信业社会服务能力和盈利能力的影响，发现电信业改革促使电信业在发展过程中所创造的财富向消费者转移。通过对比代表社会服务能力的全要素生产率与代表电信业盈利能力的全要素生产率对电信业改革多种措施反应的异同，发现电信改革对电信业持续盈利能力的影响不显著，但对电信业社会服务能力有显著的促进作用，说明电信业改革促使电信业发展过程中创造的价值分配比例向消费者倾斜，改革是有效的。

第 2 章　文献综述

2.1　相关理论与概念简介

产业组织理论是产业经济学的微观领域，它以微观经济学为基础，具体分析产业内厂商之间的竞争与垄断关系，通过对市场结构、市场行为和市场绩效之间互动关系的研究，研究产业内企业之间的关系以及产业的发展规律与资源配置状况，在特定的产业背景下，探索如何提升产业效率改善社会福利的理论基础。按照时间顺序看，产业组织理论主要经过了三种学说的发展，分别是哈佛学派、芝加哥学派以及新产业组织理论派。

哈佛学派提出了"结构—行为—绩效"分析范式（简称 SCP 范式）。在这一分析范式中，S 指市场结构，即企业之间市场关系的表现和形式，主要包括卖方间、买方间、买卖双方之间，以及市场内已有的买卖双方与正在进入或可能进入市场的买卖双方之间在交易、利益分配等各个方面存在的竞争关系。具体来说，产业组织理论中考察市场结构的内容主要涉及四个方面，即市场集中度、产品差别、进入与退出壁垒、规模经济等。C 为市场行为，即企业在市场上为赢得更大利润和更高的市场占有率所采取的战略性行为，一般包括制定产品价格、决定产品质量以及遏制竞争对手的策略三个方面。P 指市场绩效，即在一定的市场结构下，通过一定的企业行为使某一产业在价格、产量成本、利润、产品质量和品种以及在技术进步等方面所达到现实状态。市场绩效一般用资源技术效率、生产效率、技术进步、就业以及价格的变动情况、分配的公平等标准评价，涉及宏观经济学等诸多领域。在早期的 SCP 分析范式中，市场结构被认定为外生变量，市场结构决定市场行为，市场行为影响市场绩效，从而通过观察市场结构的变化判断市场经济的运行绩效。由于这种分析范式存在强假设——市场结构外生，因此受到部分学者的批评。芝加哥学派代表人物之一的施蒂格勒认为，企业行为是企业预期的函数，政府无须干预市场机制的运作（施蒂格勒，1964）。市场结构是内生的，在存在进入退出机制的情况下，市场结构的变化只是竞争均衡实现之前的一种暂时现象，就长期看，对企业行为影响甚微。只要其整个行业能达到最优资源技术效率，就不需要对其行业内的市场结构过多关注。随后新制度经济学为产业经济学注入了新的观念。该学派更关注微观层面，从产权结构、管理层级、企业架构入手，研究企业制度对企业行为的影响。最终不同学派的观点逐渐融合，并吸收了交易理论、代理理论、博弈论等，以博弈理论作为基础，数理推导作为工具，注重企业行为的思辨，形成了新产业经济学理论。新产业经济学理论突破了原有单向的和静态的分析范式，建立起双向和动态的分析框架，即认为市场结构、市场行为及市场绩效三者相互联系、相互作用。市场结构是决定市场行为和市场绩效的基础，市场行为既受市场结构的影响，反过来又影响市场结构，同时是市场结构和市场绩效的中介，市场绩效受市场结构和市场行为的共同制约，是市场关系或资源配置优劣的最终标志，同时市场绩效的现状和变化趋势又会影响未来的市场结构和行为。

在中国使用 SCP 分析框架时经常面临两个困境：一方面，中国多数行业的垄断不是市场自发运行的结果，而是政府干预的结果。另一方面，企业在产权方面也不独立，经常是某行政部门的下属企业，其管理人员也拥有行政级别，由于考核方式与民营企业管理者不同，在其管理下，企业经营目标未必是利润最大化。这两点导致在研究国内特定行业时无法直接套用 SCP 范式。结合中国的国情，于良春、张伟（2010）在新产业组织理论的基础上提出了 ISCP 分析框架，该框架内生政府因素，将制度与结构、行为及绩效作为并列的因素进行考察。这三种因素与绩效之间的相互作用如图 2-1 所示。

图 2-1　ISCP 框架逻辑

在 ISCP 分析框架中，I（Institution）表示行政垄断得以形成和持续的制度性因素，S（Structure）表示反映行业性行政垄断的市场结构和产权结构，C（Conduct）表示政府和厂商的行政垄断行为，P（Performance）表示有行政垄断特征行业的绩效。ISCP 框架通过将制度的直接作用和间接作用引入模型，加大了该分析框架弹性。由这一分析框架可以看到，企业行为不仅取决于市场结构，制度性因素作为行政垄断的一个重要特征更是企业行为的决定性因素。它不仅能干预市场结构也能直接影响企业行为，并且通过这两者将影响传递给绩效。不同的制度特征直接决定了市场结构和企业行为，最终影响行业绩效，而行业绩效对制度也存在一个回馈。借助这一理论框架，能够更好地明晰政府干预对电信业绩效影响的路径。

网络外部性：Oz Shy（2002）认为"当一种产品对用户的价值随着采用相同的产品或可兼容产品的用户增加而增大时，就出现了网络外部性"。电信业是典型的具有网络外部性的行业，其所提供的通信服务是典型的具有网络外部性特征的产品。在一个电信运营商网络内，任一消费者的加入都会提升所有消费者的效用。这种网络外部性同时存在于移动通信业务和固网业务之中。由于网络外部性的存在，不同电信运营商所提供的服务对消费者的吸引力不仅受价格影响，同时也受到初始用户规模的影响。因此对于移动通信业务市场或固网业务市场的新进入者而言，所面对的不仅是规模经济和范围经济所带来的成本劣势，还有初始用户数不足带来的服务质量（特指对新进入消费者的效用）劣势。

接入瓶颈：Laffont 和 Tirol（2001）定义"瓶颈"为不能廉价重复建立的，对生产过程而言唯一的输入设备。张昕竹（2000）定义"瓶颈"为垄断的生产要素或者基本设施。刘伟（2004）将"瓶颈"定义为现有厂商拥有的对进入市场而言是不可或缺的设施。由上述定义可知，"瓶颈"通常是指一个虚拟或真实的限制，该限制由市场上的垄断企业占有并阻碍了其他企业进入该市场。在本书中，"瓶颈"被定义为电信业特定企业所拥有的拥有市场势力的通信网络，例如中国移动在移动通信网络、中国电信在南方的宽带和固话网络、中国联通在北方的宽带和固话网络。而"接入瓶颈"则是指接入任一特定网络时所受到的限制。在电信业，由于存在进入限制，在2008年前中国电信无法进入移动通信市场，中国移动也无法进入固网市场，自然在这两者间不存在"接入瓶颈"问题。"接入瓶颈"主要体现在中国铁通、中国电信和中国网通三者之间；中国联通和中国移动两者之间。而在2008年后，伴随兼并重组整个电信业内仅剩下三家全业务电信运营商，出于网络连通的需要，三者之间出现了严重的"接入瓶颈"。

赫芬达尔指数（HHI）：该指数的全称是赫芬达尔—赫希曼指数，该指数通过求取某特定行业中各市场竞争主体所占行业总收入或总资产百分比的平方和的方式度量该行业内的产业集中度。该指标能够直观反映行业内市场离散度的变化，是衡量行业内竞争烈度的重要指标。

2.2 电信业垄断性质的认定

在20世纪80年代前的研究文献中，普遍承认电信业具有典型的自然垄断特征，具体表现为规模经济和范围经济。然而随着技术进步，学术界对于电信业的自然垄断属性认知逐渐发生变化。特别是在 20 世纪 80 年代后期，对于这一判断的质疑甚嚣尘上。

自亚当·斯密起，经济学家就对垄断这一经济现象展开讨论。然而在不同的时期，不同的学者对于垄断具体的性质和特征有着不同看法与认知。综合来看，具有自然垄断性质的行业通常具有规模经济、成本次可加性、范围经济等特征。由于电信业所提供的通信服务极度依赖于固定成本极高的基础设施，同时存在网络外部性，因此电信业完美地符合了高固定成本、成本次可加性、规模经济和范围经济，具有自然垄断属性。Wilson 和 Zhou（1997）发现本地电话公司的固话业务成本具有弱可加性，证明了本地电话市场具有自然垄断属性，竞争程度过高反而会造成效率的损失。然而存在更多与这一论断相反的研究成果。

Evans 和 Heckman（1988）研究了 1947～1977 年美国贝尔公司的本地电话业务，发现该业务不具有自然垄断特性。根据 Baumol、Panzar 和 Willig（1977，1982）及 Sharkey（1982）的研究结果，一个存在次可加性成本函数的行业就意味着该行业具有自然垄断属性。但是这一论断与 Shin 和 Ying（1992）的研究成果相矛盾。虽然本地电话业务整体存在着微弱的规模经济，但在次可加性检验中贝尔公司的成本函数丧失了次可加性。Sung 和 Gort（2000）对美国电信业企业层面的研究证明规模经济与成本的次可加性存在紧密联系，这种联系无法运用成本互补性解释。Wernerallen G、Lorincz K、Welsh M 等（2006）对美国电信业的接入问题进行研究，发现美国本地通话业务存在的规模经济和范围经济不显著。

事实上，判断一个行业是否具有自然垄断属性是一个动态的过程。需要依据市场与技术的不断变化调整对自然垄断的认知。其中市场需求决定着市场规模，市场规模影响了产业的自然垄断属性。而技术条件的变化会改变企业成本，改变市场中的供给，改变行业的自然垄断属性。伴随技术进步，特别是最近 20 年通信技术、互联网技术的飞速发展，电信业的自然垄断边界已经大幅度变化，原有的自然垄断的边界已经大幅度缩小。Baumol（1982）提出的可竞争市场理论，从理论上揭示了政府的行政干预、市场竞争、效率三者之间的关系。通过减少政府干预，能够促进市场竞争，提高效率。该理论为电信业放松管制，实施竞争性改革提供了理论依据。因此，很多国家开始对电信业进行产权改革和引入竞争。其中英国对电信业进行改革的时间最早，在 1984 年即开始执行电信行业私有化。随后加拿大、日本、韩国、新加坡等相继推动电信行业私有化改革。

对电信行业私有化改革的研究均证明了竞争性改革的作用。拉丰和梯诺尔（2000）认为由垄断市场造成的低效率和外在的技术进步会倒逼电信业竞争性改革，放松管制引入竞争。Gasmi、Laffont、Sharkey（2002）的研究表明双寡头垄断的平均成本曲线各处均高于单一寡头垄断者的平均成本，电信业因具有自然垄断属性，伴随产出的增加和双寡头下更强的激励，自然垄断属性会逐渐被削弱。由此可见，通过竞争性改革可以提高电信业生产效率和资源技术效率。然而过量引入竞争也可能会降低电信业的生产和运行效率。在 20 世纪 90 年代末，美国及欧盟的电信业竞争性改革造成电信行业过度竞争，催生了严重的网络经济泡沫。因此在确定电信业竞争性改革的力度和方向时，需要对当前电信业所处状态有一个清醒的认知。

2.3　电信业绩效的评价指标选择

产业经济学中的绩效是一个宽泛的概念，哈佛大学的 Mason、Bain、Porter 等对特定行业的市场绩效所下的定义包含：资源技术效率、利润率、生产率、社会福利等。因此在不同学者的研究中，依据其研究的问题侧重点不同，对绩效这一概念的定义也不同。通常的做法是聚焦于绩效的某一层含义，考察影响因素对这层含义的影响。例如，在需要关注行业的盈利能力时，会侧重绩效在利润率方面的表现；在关注行业对消费者的影响时，会侧重绩效在消费者福利方面的含义；在关注行业的发展能力时，会侧重绩效在资源技术效率、生产率方面的含义。

消费者剩余（Consumer Surplus）又称为消费者的净收益，是指消费者在购买一定数量的某种商品时愿意支付的最高总价格和实际支付的总价格之间的差额。消费者剩余衡量了买者自己感觉到所获得的额外利益。垄断导致产量减少、资源浪费和技术上的低效率。垄断使消费者剩余向生产者剩余转移。处于垄断地位的厂商作为谋求垄断利润的组织，必然造成较低产量和较高价格，使消费者剩余减少，并造成社会性损失（即无谓损失）。在预设消费者对商品完全了解、能够正确预期到购买商品所获得的收益时，消费者剩余与消费者福利等价。为了研究电信业垄断对消费者福利造成的损失，经常会采用消费者福利作为绩效的指标。由于价格是消费者福利的决定因素，因此价格也常被选为绩效的替代指标。另外，价格同样也反映了企业的盈利能力，因此该指标在研究企业盈利能力时可以作为绩效的替代指标。例如顾强、郑世林（2012）以电信业务总量为绩效指标考察了1994~2010年市场结构、政府规制和企业改制三个维度的配套措施对电信业绩效的影响。张欣、曲创（2017）在使用博弈论分析电信业纵向一体化带来的影响时，采用电信业务收入作为绩效指标。

现有文献对电信业发展与消费者福利的研究较多，如张立、王学人（2007）通过对比中印两国电信用户的 ARPU、通话总时长、户均运营成本等，发现我国电信业的爆发式增长主要依靠全国经济高速发展和行政垄断，而非企业的内在创新。在该文献中，作者关注了电信业盈利能力和消费者福利，因此采用了反映电信业盈利能力的 ARPU 和户均运营成本。由于 ARPU 同样能够反映价格，因此其分析也覆盖了消费者福利层面。与之类似，孙巍、李何、何彬、叶正飞（2008）同样选择了价格作为绩效的表现形式，研究了我国电信业市场结构与价格之间的关系。马源、张昕竹（2011）使用话单级的用户消费数据，分析了用户的消费行为与通信业务定价之间的关系。Hausman 等（2002）也选择价格作为绩效的表现形式，分析了对 BOC（Bell Operatong Companies，贝尔有线电话）进入长途电信市场对整个长途电信市场价格的影响。而 Lee 等（2006）、Hausman（1997）和 Burnstein（2005）则选择消费者福利作为绩效的表现形式，对美国移动通信市场和长途电信市场的消费者福利状况进行了测度。

经济学中的效率是在投入和技术不变的条件下，经济资源都被合理利用而没有造成浪费，或者说从现有经济资源得到了最大产出，也是技术效率（Allocative Efficiency）的一个简化表达。而全要素生产率是指"生产活动在一定时间内的效率"，是衡量单位总投入的总产量的生产率指标，即总产量与全部要素投入量之比。全要素生产率的增长率常常被视为科技进步的指标。全要素生产率的来源包括技术进步、组织创新、专业化和生产创新等。产出增长率超出要素投入增长率的部分为全要素生产率（TFP，即总和要素生产率）增长率。由于全要素生产率比技术效率和成本效率更加全面，因此也常作为绩效的替代指标。

顾成彦、胡汉辉（2008）采用曼奎斯特 DEA 对中国四大基础电信运营商的生产效率及其增长进行研究，发现中国电信运营商均处于规模效益递减的区间，存在规模过大的问题。杨秀玉（2009）使用 ISCP 框架测算电信业行政垄断程度，并估计了行政垄断对电信业绩效的影响。该文献使用全要素生产率作为绩效的替代变量，通过曼奎斯特指数结合 DEA 对全要素生产率进行分解，运用投入导向和产出导向 DEA 法分别估算了真实投入与最优投入和真实产出与最优产出的变化；并以产权及重度、市场集中度作为市场结构指标，与 DEA 结果相结合，给出了行政垄断在我国电信业发展中所起到的作用。然而该文献没有厘清市场结构与企业竞争行为之间的关系，并且没有说明规制政策与电信业绩效之间的关系，仅以市场结构代指行政垄断过于武断。刘军、武鹏、刘玉海（2010）使用指数 DEA 测度了全国电信产业的产出效率及其变动，并划分为东、中、西部三大区域进行比较分析，最终发现技术扩散促进了电信业技术发展。杨少华、李再扬（2010）则选择全要素生产率作为绩效的表现形式，研究中国电信业全要素生产率提高的源泉。相似的，郑加梅、夏大尉（2014）同样以中国电信业全要素生产率作为绩效代表，考察了激励性规制对电信业全要素生产率的影响。李文乐、刘孟飞（2014）则是以技术效率作为绩效的表现形式，分析了网络融合对市场绩效的影响。Sueyoshi（1997）则分别使用成本效率和全要素生产率作为电信业绩效的代表，研究日本电信业私有化政策对生产效率和成本效率的影响。Lee 等（2000）则是以生产效率作为绩效的表现，分析私有化对电信业绩效的影响。Chao-Chung Kang（2010），Pun-Lee Lam 和 Shiu（2008），Seo 和 Shin（2011）均选择了生产效率作为电信业绩效的表现形式，分析了规制、私有化、引入新竞争者对电信业绩效的表现。

综上所述，现有文献对于电信业绩效的多层含义均有涉及，总体可分为三类，分别是盈利能力、消费者福利和全要素生产率。由于全要素生产率包含了技术效率和技术进步，因此作为绩效的替代性指标最受欢迎。而消费者福利和企业盈利能力则是焦点问题，因此文献中多有提及。

2.4　电信业改革政策对电信业绩效的影响

中国电信行业的改革以 1994 年中国联通的成立为标志，

拉起了竞争性改革的大幕。在经历了三次拆分重组后，中国电信行业从独家垄断、双寡头竞争、"5+1"分业竞争转变为全业务竞争。同时也在去行政化过程中逐渐完成产权改革。由政企合一的经营模式转化为产权明确的上市公司。在这一期间，我国政府出台了多项政策，先后数次调整电信业产权结构和市场结构。这些调整可以归纳为拆分、重组和产权改革。学者们对 2003~2008 年的电信业竞争性改革对电信业绩效的影响做了深入研究。

对于电信业竞争性改革和电信业绩效之间关系的研究主要可分为三类，分别是直接关注于电信业竞争性改革、市场结构对价格影响，分析消费者福利变化；通过分析电信业竞争性改革、电信业市场机构对生产效率的影响间接分析电信业竞争性改革对企业和消费者影响；通过分析电信业竞争性改革、市场结构对全要素生产率的影响，分析电信业竞争性改革对电信业发展的影响。

孙巍、李何、何彬、叶正飞（2008）研究了我国电信业市场结构与价格之间的关系。该文献指出，我国电信业服务的综合价格水平和垄断程度呈下降趋势，以 2006 年为分水岭，2006 年之前，电信业显示出明显的垄断特征，而在 2006 年之后，电信业服务的综合价格水平与市场结构之间存在显著负相关，这说明在一系列改革措施后，我国电信业市场已不再是典型的寡占市场，而是呈现出非合作价格竞争的新特征。马源、张昕竹（2011）使用话单级的用户消费数据，分析了用户的消费行为与通信业务定价之间的关系。该文献使用离散模型来解释电信业企业的定价行为，并建立消费者效用函数（包括短信、通话、换网等的效用），通过求解非线性预算约束下的消费者最优消费，推测消费者的消费行为选择。该文献指出，消费者确实受到了"换网"所带来的约束，进入某一网络相当于受到补贴，而换网则要承担额外费用，然而，补贴明显要大于费用。这一分析并没有考虑到网络外部性所产生的额外成本，例如消费者更换手机号码对原有的社会关系带来的影响，或是不同电信服务商之间跨网通信的额外费用等。纪国涛（2011）从产业经济理论中结构学派和博弈论中串谋的视角分析了我国移动通信业中价格竞争的发展历程与表现出来的特征。该文献指出，我国移动通信业的价格竞争之所以会出现与理论预期相反的结果，是受到了政府规制与市场机制的共同作用。在不对称管制和非合作博弈的情况下，价格竞争成为争取市场份额的主要手段。在这种市场环境下，竞争无法使社会福利达到最大。在 2008 年后，随着三网合并所导致的市场结构的变化，仍无法改变规模不对称的寡头垄断这一竞争格局。因此，在培养竞争方面，不能单纯依靠市场，还需要在恰当时机施以行政干预。该文献仅以企业规模不对称来解释我国移动通信业价格的变化与理论推断相反的原因，在服务同质性假设的前提下，无法分析服务的差异性、转换成本、网络外部性等对价格的影响，因此缺乏足够的说服力。于良春、刘晓斌（2016）应用新实证产业组织方法分析了 2003~2013 年各项竞争政策对电信服务价格的影响，并通过希克斯消费者剩余方程计算了电信市场中消费者福利的具体变化情况。研究发现，市场竞争和产权改革对电信价格下降具有正向促进作用，而管制政策的效果并不显著，竞争政策有力地促进了消费者福利的增加，但相较于快速发展的电信业务来说，消费者福利占电信业务总量的比重并没有较大改善。

吕志勇、陈宏民、李瑞海（2005）认为虽然纵向分割推动了电信业走向竞争，但在位厂商的策略性行为、统一定价管制和用户信息不对称会阻碍市场竞争，进而影响改革效果。陈洁、吕廷杰（2006）对 1990～2003 年中国电信业全要素生产率变化进行测算，发现目前 TFP 对整个产出增长率的贡献还不到三成，当前的发展方式主要还是基于投入增长的粗放式经营，该文还从全要素生产率的角度来分析近年来电信业四次重大改革的作用，研究表明拆分改革和产权改革促进了全要素生产率的提高。胡苏皓（2008）认为技术进步与市场需求扩大促使电信业失去自然垄断属性，改革措施必须与时俱进才能有效地促进竞争。李文乐、刘孟飞（2014）采用随机前沿模型测算了我国电信业的技术效率，并以此代指市场绩效。同时，该文采用赫芬达尔指数代指网络融合变量，分析了网络融合对市场绩效的影响。该文献指出，电信业的市场绩效存在普遍的改进趋势，网络融合对市场绩效存在显著的正面影响。该文献以赫芬达尔指数计算传统业务与增值服务所占总盈利的比率，并以此进行计算。蔡呈伟、于良春（2016）采用不同定义下的全要素生产率来反映电信业的社会服务能力和企业盈利能力，通过对比电信业兼并重组改革对这两种不同定义下电信业全要素生产率影响的异同发现，电信业兼并重组改革能够促使电信业分配发展红利时更多地回馈社会。

杨秀玉（2009）使用 ISCP 框架测算电信业行政垄断程度，并估计了行政垄断对电信业绩效的影响，从侧面阐述了去垄断的意义。该文献依旧使用全要素生产率作为绩效的替代变量，通过曼奎斯特指数结合 DEA 对全要素生产率进行分解，运用投入导向和产出导向 DEA 法分别估算了真实投入与最优投入和真实产出与最优产出的变化。随后以产权及重度、市场集中度作为市场结构指标，与 DEA 结果相结合，给出了行政垄断在我国电信业发展中所起到的作用。然而该文献没有厘清市场结构与企业竞争行为之间的关系，并且没有说明规制政策与电信业绩效之间的关系，仅以市场结构代指行政垄断过于武断。吕昌春、康飞（2010）对 2005～2007 年中国电信行业的研究表明拆分有效促进了技术效率。杨少华、李再扬（2010）运用 DEA 法对中国电信业生产率进行了研究。该文献通过曼奎斯特指数将全要素生产率进行分解为技术进步和技术效率，并发现我国电信业全要素生产率主要是由技术进步推动。投入指标为局用交换机容量和移动电话交换机容量之和及电信业员工数量，产出指标为电信业务总量。郑世林、张昕竹（2011）将市场竞争、产权因素和管制政策变化作为全要素生产率的影响因子，分析了电信业经济体制改革给电信行业全要素生产率带来的影响，并估算了该影响的程度。该文献指出，加入 WTO、竞争和产权改革对全要素生产率有明显促进作用，独立的监管机构以及规制条例并未发挥明显作用。其中竞争程度以赫芬达尔指数代表，产权因素由国有股权上市改制企业数代表，管制政策变化以 3 个节点间的时间虚拟变量代表。从该文献可以看出，电信行业的规制几乎是失败的，规制政策并未提高全要素增长率，而竞争政策则极大地促进了电信业的发展。郑加梅、夏大尉（2014）以省级面板数据对我国电信业全要素生产率进行了测度，并从政府规制的角度考察了激励性规制对电信业全要素生产率的影响。该研究指出在激励性规制中，价格上限对行业生产率仅有较小的推动作用，而固定利润分享规制在当期起到明显的促进作用，而在滞后一期后会产生明显的消极作用。该文献认为价格规制是较为合理的规制方式，而固定利润分享规制则不可靠。同时，在价格规制的同时，需要建立独立的规制机构和完善的价格听证会制度，加强对机构监管人员的监督。该文献以电信业职工人数作为人力投入，局用交换机容量、长途电话交换机容量、移动交换机容量和长途光缆线路长度之和作为资本投入，而产出指标为业务总量。该文献以政策推出时间的时间虚拟变量作为度量政策影响，无法避免遗漏变量所带来的内生性问题和虚假因果关系，因此其估计结果可能是有偏的。

在国外，学者们同样关注于电信业竞争性改革措施对电信业绩效的影响，Gasmi（2002）等和 Hausman（2013）认为实施价格规制和普遍服务性规制等管制政策，将有效保护电信业发展和消费者福利。但管制政策也有可能导致资源的错误配置和寻租现象，Bulow 和 Klemperer（2013）研究发现管制政策会导致企业成本增加、消费者剩余减少和社会福利损失等负作用。Hausman（1997）和 Burnstein（2005）分别用希克斯需求函数和马歇尔需求函数对美国移动通信市场和长途电信市场的消费者福利状况进行了测度，同样证明了上述观点。韩国学者 Jongsu Lee 等（2006）通过数学模型推导和回归分析研究表明韩国在实施携号转网政策后用户的转移成本大幅降低，携号转网的实施会改善消费者福利。Pun-Lee Lam 和 Shiu（2008）认为中国各省份之间生产效率差异取决于地缘经济环境。Chao-Chung Kang（2010）认为部分私有化对电信业效率的提升有限，建议政府应该创造完全私有化的电信环境。Shin（2011）认为美国电信业激励性管制政策显著促进了生产效率。

2.5 小结

通过回顾中国电信业的性质、电信业绩效的表现形式和中国电信业竞争性改革与绩效之间关系的文献，可以发现在中国电信业竞争性改革对电信业绩效影响的研究中，首先，要确定电信业当前所处的状态。只有明确所要推进改革的市场是否具有自然垄断属性、是否已经处于竞争状态，才能够有针对性地实施改革。其次，明确电信业绩效的内涵。电信业绩效并不是单一的概念，企业盈利能力、消费者福利、生产效率、技术进步等均是绩效的重要组成部分，在分析时需要综合考虑，赋予极小一个完整全面的定义。再次，明晰不同的电信业竞争性改革措施对绩效的影响与综合作用。不同的改革对电信业绩效存在不同影响，措施之间的顺序、组合也会对绩效产生重大影响。在电信业竞争性改革政策的有效性分析中，不能笼统地将电信业竞争性改革作为一个类别变量，通过差分法直接比较改革前后电信业绩效的变化。而应该将电信业竞争性改革细化为不同的措施，分别讨论不同措施对绩效的影响，并讨论各项措施之间的综合作用。最后，在上述分析的基础上回答竞争性改革是否有效。

第3章 中国电信业竞争性改革有效性的理论分析

　　中国政府于2008年对中国电信业进行的兼并重组改革依托于"有效竞争理论"。"有效竞争"这一概念源于弗莱堡学派的欧根等对"竞争悲观主义"的批判，并由克拉克（1956）提出。有效竞争是介于过度竞争与垄断之间的市场竞争格局处于这种状态下的产业既可以发挥竞争效应，又能发挥规模经济优势。依据有效竞争理论，处于完全竞争状态下的产业，会因为自由进入、不存在生产要素专用性和不可恢复的淹没成本面临极其严酷的破坏性竞争，最终会因为无法获得超额利润支持创新，导致技术停滞。虽然极端的产品差异性可能会导致垄断的倾向，但存在产品适度差异，特别是具有紧密替代关系和较多知识技术含量产品推动的竞争，可能更为可行和有效率。由此，政府在2008年对中国电信业进行调整时，通过兼并重组将原本电信业中规模严重不对称、业务范围和经营地域存在严重条块分割的六家企业重组为三家规模近似、业务相同的企业。然而中国电信业并不是一个纯粹的市场化行业，在制定改革措施时，难以直接套用"有效竞争理论"。而2008年电信业兼并重组改革是否有效，需要从这次改革对电信业绩效的影响来判断，如果此次改革对短期和长期电信业绩效均有正影响，说明这一次改革有效，反之亦然。

本章在 3.1 节中对中国电信业兼并重组改革的性质进行判定，并借助 ISCP 框架分析电信业兼并重组改革中不同政策对电信业绩效的影响路径。3.2 节定义绩效的多层次指标并依据政策对市场结构的影响对电信业兼并重组的"一揽子"政策进行分类。3.3 节结合 3.1 节和 3.2 节的分析结果构建了一个便于实证检验的分析框架，并据此选择研究样本。3.4 节利用这一分析框架对电信业兼并重组的可能影响进行了理论分析。3.5 节对全章进行总结。

3.1 2008 年电信业兼并重组改革的性质判定与作用路径

2008 年电信业兼并重组改革的出发点是构建一个较为对称的市场结构，在调整后，电信市场内部多家电信企业通过兼并重组形成三家规模近似、业务种类和覆盖面积相同的大型电信企业。在表面上看，这一次改革促使整个电信行业市场集中度大幅度上升，似乎与传统竞争理论相悖，属于提高企业的市场势力，妨碍竞争。但是这一次兼并重组也打破了传统意义上的地域垄断和业务进入限制，在具体到特定电信服务市场时（如移动通信市场和固网业务市场），市场集中度反而是下降的。因此，需要权衡这两方面的影响来判定这一次兼并重组改革的性质。同时，为了构建一个能够以实证分析检验的有效性分析框架，也需要理顺改革措施与电信业绩效之间的关系。

3.1.1　2008 年电信业兼并重组改革的性质

由于 2008 年的电信业兼并重组打破惯例、一反常态，以兼并的方式提高了整个电信业的市场集中度，因此学者们对此次改革的性质存在争论。笔者认为，虽然这一次改革整体上提高了电信业的市场集中度，但是在兼并这一手段的背后，还隐含着打破条块经营限制的措施，通过兼并重组整个电信业内形成了一次资源整合，三家企业能够在平等的条件下展开全业务竞争，这无疑强化了电信业内的竞争，属于竞争性改革。

2003~2008 年，中国电信只能进行固定通信和宽带业务，并且业务局限于长江以南，中国联通无法经营宽带业务，中国网通无法经营语音业务，同时它们均受困于长江以北，而铁通、卫通等受限于过小的规模已经丧失发展空间。垄断是指在一个没有替代品的商品行业只存在一个生产者。由于仅存在一个生产者，因此生产者可以通过选定市场需求曲线上任一点运营，获取最大利润，相较于存在竞争的市场，消费者福利减少。在改革前，不同电信运营商所提供的业务之间缺乏替代性。宽带无法替代移动通信和固定通信，反之亦然。而移动通信与固定通信虽然在一定程度上可互相替代，但是这种替代更多地表现为移动通信对固定通信的取代，更便捷的新技术替代旧技术，并不能形成有效竞争。最终，在电信业内部，主要运营商在所运营范围内处于垄断地位。

而 2008 年的电信业竞争性改革打破了这一限制。与 2003 年前的其他电信改革不同，此次电信改革不仅没有降低电信业的市场集中度，反而通过企业兼并的方式减少了市场中的企业，提高了市场集中度，因此现有研究对此次改革的有效性存在颇多争议。依据传统的哈佛学派的 SCP 范式，市场集中度的上升有助于提高企业市场势力，使之更易于共谋，导致产品价格上升、数量下降，最终降低消费者福利，是以 2008 年的电信企业重组改革损害了消费者福利。同时，这一次电信改革与以往的改革有所不同，它打破了电信业长久以来的竞争错位，通过兼并重组，形成了三家拥有相同营业资质、规模近似的企业。电信业内部企业间竞争关系如图 3-1 所示。总结起来，这次电信业竞争性改革包含了两种措施，分别是：放开进入限制，在移动通信业务市场引入新的竞争者；提高市场集中度。通过将六家电信运营商整合为三家电信运营商，降低了电信业内企业数量，增大了电信业内企业规模，提高电信业中整体市场集中度。

在三部委联合发布的改组公告中已经直接点明这一次改革是为了形成规模近似、业务相同的企业，构建一个较为对称的市场结构。由于移动通信业务受到行政垄断保护，其他电信企业无法进入，造成竞争错位，中国移动借助移动通信市场的垄断地位掠取垄断利润。同时移动通信业务对固网业务产生了严重的替代效应（由于移动通信更加便捷，不受地域与网络铺设条件的限制），因此其他电信企业严重亏损。本次改革直接打破了中国移动对移动通信的垄断，在移动通信市场引入了新的竞争者，形成一个合理有效的市场结

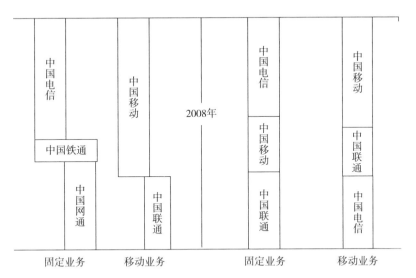

图 3-1　2008 年前后电信业市场结构竞争

构，促进电信业内部的竞争。从这一点看，本次改革打破了
对于进入限制和地域限制的行政垄断，属于竞争性改革。

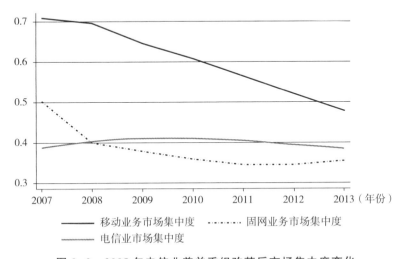

图 3-2　2008 年电信业兼并重组改革后市场集中度变化

由图 3-2 可知，2008 年电信业兼并重组改革后电信业市场集中度是先上升后下降，而移动和固网业务的市场集中度在改革前后出现大幅波动。虽然电信业市场和固网业务市场集中度上升会导致电信运营商的市场势力增大，但是移动通信业务市场的市场集中度却大幅下降。伴随电信业的发展，电信业竞争性改革带来的直接冲击逐渐消失，来自绩效表现对市场结构的回馈逐渐增大。致使改革后的几年间电信市场和固网业务市场集中度大幅上升，随后一直维持稳定下降的趋势。在 2008 年电信改革后，虽然电信业的市场整体集中度上升，三大运营商的市场势力增强，但受到细分业务市场竞争增强的影响，电信市场整体竞争不仅没有减弱，反而有增强的趋势，导致电信业市场集中度在 2008 年后先上升，随后自 2010 年起逐年下降。整体来看，中国联通和中国电信在移动通信市场属于新进入者，同时企业规模和业务体量也远小于中国移动，如果不对他们加以扶持，中国电信和中国联通在移动通信市场上的竞争必然处于极其不利的位置。而移动通信市场同时具有强网络外部性、规模经济和范围经济，对于较小的电信企业如中国网通、中国铁通和中国卫通等，容易出现资金限制，导致无力参与移动通信市场的竞争，最终导致移动通信市场的竞争有名无实。因此需要通过兼并的措施扩大企业规模，确保新进入移动通信市场的企业拥有足够的实力与中国移动进行竞争。最终，可以认定 2008 年的电信业兼并重组改革是竞争性改革。

3.1.2 2008 年电信业兼并重组改革对绩效的作用路径

电信业兼并重组改革是由政府发起并推动，在这一过程中，政府的主要调控手段是通过对整个行业内的电信企业兼并重组改变电信市场的市场集中度，进而改变企业行为，达到改善电信业绩效的目的。在这一过程中政府的干预虽然直接体现为对市场结构的调整，但同时也是对企业管理者的一种"暗示"，通过公告点明这一改革背后的目的向管理者施加影响，进而影响管理者决策，最终影响企业行为。因此分析 2008 年电信业兼并重组改革对绩效的影响时不能单纯地从市场结构变化出发，而应全面考虑政策的间接影响。

无论是传统的 SCP 范式还是新产业经济学理论的行为分析，均假设市场能够自发运转，发挥资源配置作用。而中国电信业市场显然存在强烈的非市场因素，传统的结构或行为分析难以奏效。因此采用于良春、张伟（2010）提出的 ISCP 框架分析 2008 年电信业兼并重组改革对电信业绩效的影响。在 ISCP 分析框架中，I（Institution）表示行政垄断得以形成和持续的制度性因素，S（Structure）表示反映行业性行政垄断的市场结构和产权结构，C（Conduct）表示政府和厂商的行政垄断行为，P（Performance）为有行政垄断特征行业的绩效。

ISCP 框架的核心思想是理顺政府的政策和行为、市场结构、企业行为和市场绩效之间的作用顺序，明确在产业发展过程中对政府因素、市场结构、企业行为和市场绩效之间相互作用。政府通过规制，可以控制中国电信业的市场结构，改变企业的行为。企业行为会影响经济绩效。经济绩效会影响政府相关部门对电信业的评价，进而影响政府下一步的规制措施。具体来看：政府根据经济和行业的现实情况，以及当前市场结构下的企业行为和经济绩效，不断地调整市场结构。对市场结构的调整方式可以是放松进入规制，即通过控制新进入企业的数量及市场自发的调节来实现预期的市场结构，或者通过加强实施市场的退出机制，实现清退部分违规经营的企业。政府对于电信行业市场结构的调整主要是通过对现有电信运营商的拆分与合并达到的。在 1994～2008 年的电信业竞争性改革中，政府通过成立新的电信企业和拆分占据垄断地位的电信企业改变市场结构，降低电信业市场的市场集中度。然而在这一过程中，不同电信企业之间仍存在竞争错位的问题。在 2003～2008 年，中国移动独家垄断整个移动通信业务市场、中国电信独家垄断南方宽带与固定电话市场、中国网通与中国联通分别垄断北方宽带与固话业务市场。这一情况直到 2008 年电信业兼并重组改革后才得以改善。2008 年的电信业竞争性改革直接调整了电信业市场结构，将六家电信运营商拆分重组为三家规模近似、业务相同的对称型企业，这次调整同时影响了电信业市场结构、企业行为和绩效表现。在改革后，电信业的绩效表现反馈于市场结构和企业行为，并影响着政府对电信业进行的下一步改革措施。

由于政府因素已经渗透到中国电信业市场结构、企业行为和市场绩效三个方面当中，成为影响三者相互作用的主要因素，政府干预对电信业绩效表现会存在直接与间接效应，而电信业绩效的变化也会反馈至市场结构。因此可以确定这一次兼并重组改革的影响路径见图 3-3。

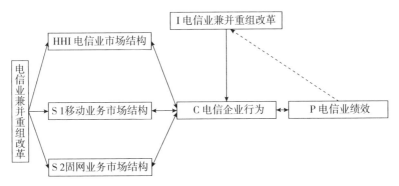

图 3-3　电信业兼并重组改革的影响路径

如图 3-3 所示，2008 年的电信业兼并重组改革对电信业绩效的影响路径存在两条：第一条路径是间接影响。该路径上电信业兼并重组改革同时影响了电信业的市场集中度和子市场移动业务和固网业务的市场集中度。通过改变这三个市场的市场结构，将影响传递给电信企业，改变电信企业行为。第二条路径是直接影响。由于电信业是政府的下属部门，其领导者拥有行政级别，升迁考核不完全依赖于企业的经营状况，而是依赖于市场外的部分因素。因此企业领导有可能为了迎合政府的要求改变企业行为，促成这一次改革的直接影响，最终促成电信企业行为的改变。这种改变不仅是由左向右传递，行业绩效和电信企业的行为还会反作用于市场结构，电信企业的行为对市场结构存在一个反作用，如果某企业决定补贴消费者降低价格扩大市场份额，会降低市场集中度并影响绩效。虽然在图 3-3 中给出了电信业的绩效对政府决策反馈的虚线，但这一反馈需要一个较长的周期，在本书的研究时段内不存在这一问题。

3.2 电信业绩效指标的选取与兼并重组改革政策的分解

由于绩效表现包含多种含义，政府干预也存在不同方式，因此在采用 ISCP 框架分析 2008 年电信业兼并重组改革对电信业绩效的影响时，需要给出一个全面的绩效定义，以便反映电信业的短期与长期变化。同时依据对电信业绩效的作用路径不同，可以依据对商场集中度的变化影响方向分解 2008 年电信业兼并重组"一揽子"政策，以便构建一个具有泛用性、简便而直接的实证分析框架。

3.2.1 电信业绩效指标的选取

在传统的竞争分析之中，绩效分析是一个静态的分析。在古典竞争理论中，竞争分析聚焦于一个特定的市场结构，此时的绩效就是在这一特定市场结构下市场的运行结果。伴随技术进步带来的生产力爆炸式发展，技术进步、创新作为生产力推动者被经济学家广泛认知，在此基础上克拉克等提出了竞争的动态定义。他认为竞争是一个动态过程，这一过程是由"突进行动"和"追击反应"交替的阶段构成的。在这两个阶段中，竞争推动了技术进步和创新，因此在考察竞争的理想目标时，不再以静态的完全竞争市场的均衡价格作为侧重点，而是以技术进步作为侧重点。相对而言，静态竞争分析更关注于产业在当下的表现，例如对产业的盈利能力和消费者福利的影响，适用于分析电信业兼并重组改革对电信业绩效的直接冲击。而动态竞争分析则聚焦于产业的可持续发展（例如产业的技术创新、技术进步、效率改进等），适用于分析电信业兼并重组改革对电信业绩效的长期影响。在本书的文献综述中，归纳了静态竞争下常用的绩效评价指标和动态竞争下的常用指标。

2008 年中国电信业兼并重组改革的政府文件，明确表明这次改革的主要目标："发放三张 3G 牌照，支持形成三家拥有全国性网络资源、实力与规模相对接近、具有全业务经营能力和较强竞争力的市场竞争主体，电信资源配置进一步优化，竞争架构得到完善；自主创新成果规模应用，后续技术不断发展，自主创新能力显著提升；电信行业服务能力和水平进一步提高，监管体系继续加强，广大人民群众充分分享电信行业发展改革的成果。"因此在评价电信业绩效时，也应从这三大目标着手。在静态分析中，如果简单地考察电信企业盈利能力，那么中国移动的绩效表现显然最好。但单纯的盈利能力分析无法判断这种能力是来自垄断地位还是成本优势，必须结合消费者福利分析，才能完整地描述电信业市场绩效表现。同样在动态分析中，单纯考察企业盈利能力的变化无法回答这种变化源自基础设施投资过度带来的虚假技术进步（付强，2011）还是对消费者剩余的掠夺抑或电信技术的自我发展。因此同样需要引入电信业社会服务能力的分析。通过对比 2008 年兼并重组改革对企业盈利能力和社会服务能力，能够获悉此次改革在电信业发展中发挥的长期作用。

　　静态竞争下的市场表现指在当前市场结构下行业的运行结果。学者通常以社会总福利作为评价指标。社会总福利可以进一步分解为消费者剩余和生产者剩余。消费者剩余通常通过考察消费者福利（主要是平减后的电信服务平均价格）获得，生产者剩余则是通过考察电信业总收入（通常是电信业务总量或电信业务收入）获得。本书选择电信业务收入（电信业务总量作为稳健性分析）和电信业服务平均价格作为实证分析所用的绩效指标。通过考察这两个绩效指标，能够反映出当下电信业的盈利能力和消费者福利。

　　动态竞争下的市场表现指在未来市场运行的结果。由于全要素生产率包含了技术进步、技术效率，是对跨时期生产过程的归纳，能够较好地覆盖动态分析下绩效的定义，因此通常采用全要素生产率作为绩效指标。与此同时，在制定绩效评价指标时，还需考虑到这次改革的目的，将理论分析与所研究问题情境相结合，才能更精准地选择绩效指标。在动态分析中，需要厘清电信业竞争性改革对电信业全要素生产率的影响方式。具体来讲，就是先找出电信业具体改革措施对资源技术效率、技术进步抑或规模效率的影响，再确定电信改革措施对全要素生产率的影响路径。在这一部分中，通过定义不同的电信业产出，可以获得不同定义的全要素生产率。例如将电信业收入定义为电信业产出，所获得的全要素生产率及其分解代表电信业的盈利能力。将电信业业务覆盖人数定义为电信业产出，所获得的电信业全要素生产率及其分解代表电信业的社会服务能力。通过对比电信业兼并重组改革不同措施对这两种定义的全要素生产率及其分解的影响，可以获悉这次改革在电信业发展过程中对总剩余分配的影响。

综上所述，依照动态竞争分析和静态竞争分析的视角，将电信业绩效分解为两维度四个层次（见图 3-4）：电信业兼并重组改革的直接冲击；电信业总收入、消费者福利和长期影响；代表电信业盈利能力的全要素生产率及其分解；代表电信业社会服务能力的全要素生产率及其分解。

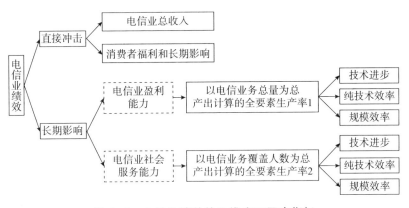

图 3-4　电信业绩效的两维度四层次指标

3.2.2　2008 年电信业兼并重组改革政策的分解

2008 年发生在电信业的企业兼并是以中国移动、中国电信和中国联通为核心，通过以现金或股权兑换方式购买中国铁通、中国网通等企业的产权，并取得原企业所拥有的业务经营许可。在这一过程中，中国移动获得了固网业务进入许可，中国电信获得了移动通信业务进入许可，中国联通获得固网业务下属的宽带业务进入许可，同时中国电信和中国联通所进行的业务也不再受到南北划分的地域限制。通过一系列兼并重组，电信业市场结构发生巨大变化，由原本的一超多强格局转变为三足鼎立。可见 2008 年的电信业兼并重组改革以调整电信业市场结构为主，通过兼并重组调整电信业市场集中度，进而影响企业行为，最终改善行业绩效。在分解这一次改革的"一揽子"政策时，不妨依照对市场集中度影响方向的不同，将这"一揽子"政策分解为两大类措施：一类是降低市场集中度的措施。这一类措施主要是通过对中国移动、中国联通和中国电信发放进入许可，让它们进入新的业务领域，降低这几个电信业务分市场的市场集中度。另一类是提高市场集中度的措施。这一类措施促使中国移动、中国电信和中国联通兼并中国网通、中国铁通、中国卫通等小型电信企业，扩大企业规模，提高整个电信市场的市场集中度。这两种措施都是通过改变市场结构，调整市场集中度的方式改变企业行为，最终影响企业绩效。

在 2008 年电信业兼并重组改革中，两种改革措施对电信市场集中度的影响体现在整体电信业市场和两个分市场（移动通信业务市场与固网业务市场分市场）之中。因此按照目标市场的不同，可以将进入许可政策进一步细分为固网业务市场进入许可和移动通信业务市场进入许可（见图 3-5）。

由 ISCP 分析范式可知，发放进入许可解除进入限制能够改变市场结构、降低市场集中度，进而影响企业行为，促进市场竞争并提高绩效。而企业兼并会促使市场集中度上升，更利于企业间串谋，损害市场竞争并降低绩效。由于这一次电信业竞争性改革包含了两种理论预期完全相反的措施，简单地研究电信业竞争性改革的整体作用并不能解释这一次电信业竞争性改革的效果，因此必须单独探讨这两种措施各自对电信业绩效的影响。

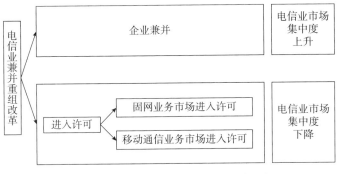

图 3-5　电信业兼并重组改革政策分解

3.3　电信业竞争性改革对绩效的影响分析框架构建与数据选取

3.3.1　电信业竞争性改革对绩效的影响分析框架构建

通过对电信业市场结构的逐年变化的理论分析，可知电信业市场及其分市场内的竞争状态确实发生了变化，并且向着一个较好的方面发展。但是单纯依赖于市场结构分析难以解释这种变化的根源。在相关研究中，刘劲松（2014）认为，电信业 2008 年后动态绩效的变化源于技术进步，而刘孟飞（2014）认为这种变化源于规模效率变动。为验证理论分析的结论，并深入探讨 2008 年电信业竞争性改革对电信业绩效的综合影响，本章在 3.1 节和 3.2 节的基础上构建了一个实证分析框架。

基于动态静态竞争分析的视角，本书将电信业绩效分解为静态绩效和动态绩效。静态绩效所反映的是电信业兼并重组改革带来的直接冲击，包含电信业总收入和消费者福利。动态绩效则是指电信业兼并重组改革的长期影响，选择全要素生产率及其分解。根据定义不同产出，可以分别获得代表电信业盈利能力和社会服务能力的全要素生产率。在此基础上，分别考察电信业竞争性改革的两种措施对电信业绩效指标的直接冲击和长期影响。其逻辑框架见图3-6和图3-7。

图3-6 电信业兼并重组改革的直接冲击分析框架

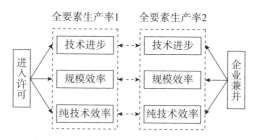

图3-7 电信业兼并重组改革长期影响的实证分析框架

在图3-6和图3-7中，电信业的改革措施被分为两大类，分别是进入限制解除和企业兼并。这两种措施通过影响电信业及其分市场内的电信企业数量、市场集中度对电信业绩效产生影响。而电信业绩效则被划分为静态绩效和动态绩效，静态绩效包含电信业盈利能力和消费者福利。动态绩效是电信业全要素生产率，并将其分解为技术进步、纯技术效率和规模效率。在具体操作中，将按照反事实框架将样本分类，估计处理效应。这一处理效应便是这一次改革所取得的综合成果。随后按照3.3节中对电信业兼并重组改革措施分解的结果，分别估计不同措施对电信业多层次绩效的影响。通过对比总体成果的效果与各项措施的效果，明晰电信业兼并重组是否发挥作用，具体是何种措施发挥作用，评价这一次改革是否有效地促进了中国电信发展。

本书基于这一实证框架，在第4章、第5章和第6章对各个绩效指标进行了实证分析。

3.3.2　数据选取的简要说明

依据上节所构建的实证分析框架，在实证分析中需要用到各省份电信业发展数据和经济发展数据，考虑到本书是对2008年电信业兼并重组改革有效性的研究，因此所选取的数据包含2003~2013年电信业的省际面板数据、各省经济数据和电信业行业数据。数据分别源于国泰安数据库、《中国统计年鉴》、《中国通信统计年度报告》和三大运营商年报。

由于2007年年末电信业才完成整体上市，2008年三大运营商真正形成，因此年报的选取时间只能从2007年开始，而2007年的年报缺失了中国铁通、中国卫通的数据。各省市的经济数据源于国泰安数据库，缺失值从《中国统计年鉴》中补齐。电信业行业数据源于《中国通信统计年度报告》和中国工业和信息化部网站①。由于本书关注的焦点在于 2008 年电信业兼并重组对电信业的影响，这一影响必须在一个稳定的技术条件下进行估计，自 2013 年起，随着米聊、微信和易信等第三方聊天软件的兴起，电信业传统的通话和短信业务受到了极大的冲击，运营商也开始向网络服务商转变。整个电信业进入第三个发展阶段，电信业的技术条件发生重大变化，因此为了避免混入新兴技术对传统通话业务的替代作用和"营改增"这种外部冲击的影响，在第 4 章和第 5 章采用的数据跨度为 2007~2013 年。另外，由于通信统计年鉴数据统计口径的变化，一部分数据统计指标消失（如长途交换机容量、微波通信等），另一部分数据统计口径变化（电信业从业人员数），为保证数据一致性，在不影响整体研究的情况下，在计算全要素生产率变动时 2011 年后的样本并没有加入考察范围。在第 7 章所用数据跨度为 2003~2011 年。

3.4　电信业竞争性改革措施对绩效的影响

电信业竞争性改革的本质就是政府通过行政手段直接调整电信业市场结构、干预企业行为，最终作用于电信业绩效。依照 3.3 节中提出的分析框架，这种干预不仅会在改革

---

① 资料来源：http://www.miit.gov.cn/n1146285/n1146352/n3054355/n3057511/n3057518/c4609344/content.html. 其他年份数据同样来自该网站。由于数据披露方式改变，2007~2011 年数据包含指标与 2013 年后不同。

当下对电信业形成一个直接冲击，同时会对电信业长期发展产生影响。因此在分析电信改革对电信业绩效的影响时，需要同时关注电信业竞争性改革对电信业绩效的直接冲击和对电信业绩效的长期作用。

3.4.1　2008 年电信业兼并重组改革的直接冲击

2008 年的电信业竞争性改革对电信业绩效会形成一个即时的冲击，直接改变电信业市场结构，影响企业行为，最终影响电信业市场的均衡价格。通过分析这一次电信改革对均衡价格的影响，能够得知电信业竞争性改革对电信业收入和消费者福利的影响。

我国电信业在经历 1995～2003 年多次改革后形成了中国移动、中国电信、中国网通、中国联通、中国卫通和中国铁通六家运营商，相比改革前，电信业整体的市场集中度大幅下降，但受限于行政限制，不同电信运营商所经营的业务范围和地域存在限制。例如中国移动只能提供移动通信服务、中国网通只能提供宽带业务、中国电信只能在我国南方省份提供宽带和固定通信业务等，而这些服务之间缺乏替代性。虽然作为整体考察，电信业的市场集中度下降，但是对于特定区域的特定商品（服务）而言，依然处于垄断状态，电信市场集中度无法代表电信业内的竞争程度。但在 2008 年 5 月，由中国电信收购中国联通 CDMA 网（包括资产和用户），中国联通 G 网与中国网通合并，中国卫通的基础电信业务并入中国电信，中国铁通并入中国移动。多家电信业运营商通过收购合并的方式整合为三家全业务企业。这次改革一个突出特征就是将电信业的企业数量由六家减少至三家，造成电信业市场集中度上升。哈佛学派认为市场集中度上升是企业间更易形成共谋，抬高价格。而芝加哥学派则认为，具有更高效率的企业在市场内迅速扩张，造成市场集中度上升的表象。而2008年的电信改革市政府通过行政手段直接改变电信业市场结构，而非电信业自发改变，因此无法以芝加哥学派的效率假说进行解释。依照哈佛学派的观点予以解释，这次改革提高了市场集中度，必然增大了企业间合谋的可能性和可行性。另外，2008年改革所带来的进入许可使主要电信运营商面临其他电信运营商进入的压力，例如中国电信进入移动通信市场和北方省市、中国联通进入南方省市、中国移动进入宽带市场。着眼于电信业分市场：移动通信业务市场和固网业务市场，会发现2008年的电信业竞争性改革在移动通信业务市场中引入了新的竞争者，位于移动通信业务市场上的企业数量由一家变为三家。而固网业务市场上，由于中国联通和中国网通合并，导致固网业务市场上企业数量减少，由六家变为三家。为直观地论述电信业内市场结构变化对均衡价格和产出均衡数量的影响，构建一个简易的分析模型。

假设存在一个寡头垄断的同质品市场，任一企业的进入或退出行为都会影响市场结构。将总市场需求记为 $Q = S(a - bP)$（其中 S 是市场规模，a、b 是大于 0 的常数），于是可得反总需求函数 $p(Q) = \dfrac{a}{b} - \dfrac{1}{b}\dfrac{Q}{S}$。假设存在二次成本函数 $C(q_i) = cq_i + \dfrac{1}{2}dq_i^2 + F$，企业以利润最大化的一阶条件 $p(Q) +$

$p'(Q)q_i - C'(q_i) = 0$ 安排生产，其中 $Q = \sum_{i=1}^{N} q_i$，整理可得企

业 i 的反应函数 $q_i = \dfrac{S(a-bc) - \sum_{i \neq j} q_j}{2 + bSd}$。求解可得此时市场

中每个企业的均衡产量为 $q^* = \dfrac{S(a-bc)}{1+N+bSd}$，进一步可求得均

衡市场价格 $p^* = \dfrac{a}{b} - \dfrac{1}{b}\left(\dfrac{N(a-cb)}{1+N+bdS}\right)$。

模型显示，在一个存在寡头垄断的市场，伴随企业数量下降，总产出也会下降，均衡价格上升。因此在 2008 年的电信改革的作用下，整个电信业市场中电信业内企业数量的减少，电信业均衡价格上升，产出减小，增加无谓损失，损害消费者福利。而在移动通信业务市场，由于电信企业数量增多，会降低均衡价格，提高均衡产出数量，降低无谓损失，提高消费者福利。由于 2008 年电信改革导致电信业内企业数量减少，此时电信业务均衡价格会上升，但是 2008 年的电信业竞争性改革同时也调整了电信业分市场中电信企业的数量：移动通信业务市场上的企业数量增加，由中国移动和中国联通变为中国移动、中国联通和中国电信；固网业务市场上的企业数量减少，由中国电信、中国联通、中国网通和中国铁通变为中国电信、中国联通和中国移动三家。依据模型的分析结果，电信业及其分市场上企业数量的变化会引起均衡价格和产量的变化，电信业市场和固网业务市场企业数量减少将导致电信业均衡价格上升，移动通信业务市场企业数量减少将导致均衡价格下降。但最终对电信业整体均衡价格的影响还要看三者之间的交互作用，具体来讲，取决

于移动通信业务市场与固网业务市场之间的规模对比和电信企业间的市场势力对比。虽然移动通信业务市场规模要大于固网业务的市场规模，但是相对于单独的分市场价格变化，电信业市场整体市场集中度上升可能对均衡价格的影响更大，与其在分市场展开"你死我活"的高烈度竞争，三家电信运营商更可能采取合谋的方式提高整个电信业均衡价格。

在电信业技术不变时，一旦电信企业之间采取合谋，通过提高价格的方式获取更高的收入，消费者所能够获得的剩余就会减少，因此可以通过考察均衡价格的方式判断消费者福利是否受到影响。通过对比均衡价格与电信业总收入受电信业兼并重组改革不同措施的影响程度，能够分析出这一次改革对电信运营商行为的影响，判断这一次改革是否促进了竞争，并找出这"一揽子"政策中不同措施所扮演的角色。

3.4.2 2008 年电信业兼并重组改革的长期影响

在静态视角下，2008 年电信业竞争性改革在整体电信业市场和固网业务分市场抬高了市场均衡价格，降低了均衡产量，扩大了无谓损失，减少了消费者福利；在移动通信业务市场降低了均衡价格，提高了均衡产量，减少无谓损失，增加了消费者福利。但是在动态分析的视角下，通过干中学过程，企业之间的兼并可以将成本低、效率高的企业的技术传递给成本高、效率低的企业，也可通过扩大生产规模，享受到范围经济和规模经济，最终降低整个行业内的平均边际成本，促进均衡价格下降（Willianmson，1997）。这一现象被称为"效率保护"。在效率保护下，企业间的兼并对消费者的福利损害就不再明显。即使兼并后的企业拥有更大的市场势力，较低水平的边际成本仍将趋于降低均衡价格。

中国电信业在 2008 年前存在的六家电信企业由于初始条件不同、业务范围不同、边际成本不同、规模不同，导致不同企业之间存在巨大的收入差。中国移动借助移动通信对固定语音通信的替代作用，掠取了电信业 50% 的收入，导致其余电信企业处于亏损状态或是亏损边缘。如果将目光聚焦于电信业分市场，中国联通和中国电信尚能维持微弱盈利，而中国铁通和中国网通等则处于亏损状态。中国移动盈利能力超越其他电信运营商之和，在分市场中，中国联通和中国电信的盈利表现也要超越其他小型电信企业。这种优势是否是源于技术优势带来的低边际成本？如果是，那么电信业内的兼并重组就可能带来正面效果；反之，若是这种盈利能力来源于市场势力，兼并则会严重损害消费者福利。

依据 ISCP 分析范式，市场结构会影响企业行为和绩效表现，而绩效表现则会反馈至市场结构，通过分析电信业市场结构的变化，可以在一定程度上对电信业绩效表现进行解释。表 3-1 给出了 2007~2013 年电信业市场及其分市场的赫芬达尔指数（HHI）的变化。

表 3-1　2007~2013 年电信业及其分市场赫芬达尔指数

年份	移动	固网	产业结构
2007	0.709	0.503	0.388
2008	0.696	0.400	0.405
2009	0.646	0.379	0.412
2010	0.608	0.359	0.411

续表

年 度	移 动	固 网	产业结构
2011	0.565	0.345	0.406
2012	0.521	0.345	0.395
2013	0.478	0.355	0.385

资料来源：根据中国电信、中国移动和中国联通的上市公司年报，笔者平减处理后计算所得。

从 2008 年电信改革前后电信业市场集中度和分业务市场集中度来看，电信业市场集中度是先上升后下降的过程，而移动和固网业务的市场集中度在改革前后出现大幅波动。虽然电信业市场和固网业务市场集中度上升会导致电信运营商的市场势力增大，但是移动通信业务市场的市场集中度却大幅下降。伴随电信业的发展，电信业竞争性改革带来的直接冲击逐渐消失，来自绩效表现对市场结构的回馈逐渐增大。致使改革后的几年间电信市场和固网业务市场集中度大幅上升，随后一直维持稳定下降的趋势。在 2008 年电信改革后，虽然电信业的市场整体集中度上升，三大运营商的市场势力增强，但受到细分业务市场竞争增强的影响，电信市场整体竞争不仅没有减弱，反而有增强的趋势，导致电信业市场集中度在 2008 年后先上升，随后自 2010 年起逐年下降。

由于宽带、移动通信和固定通信局存在网络外部性，因此有极高的用户黏性，新企业进入时要面对严重的"接入瓶颈"问题。传统的做法是对接入定价实行规制，但受限于对技术了解程度，无法明晰网络接入的真实成本，规制本身经常失灵。在三大运营商均拥有许可牌照之后，由于三大运营商在不同业务市场中各有优势，规模近似，因此三大运营商可以通过利用自身在特定领域的优势谈判，制定一个更接近于真实成本的价格，降低经营成本。一方面，对于进入者而言，进入新市场需要大量资金投入，三大运营商可以充分利用强势业务带来的利润补贴弱势业务，降低进入成本，通过交叉补贴的方式强化弱势业务的竞争力，最终强化电信企业之间的竞争。另一方面，受限于业务范围限制，中国移动、中国电信、中国联通等电信企业并没有处于一个相同的电信市场，而是处于一个错位的市场竞争中，相互之间的竞争表现为固定通信与移动通信之间的替代竞争。但是在2008 年电信业竞争性改革后，竞争性质由异质性业务竞争转变为同质业务竞争，而同质业务的竞争程度远大于部分可替代的异质性业务之间的竞争，强化了电信业市场内竞争的烈度。最终，由政府推动的兼并重组在初期提高了市场集中度，增大了电信业市场中的市场势力，但是这种市场势力并没有长期维持下去，通过将原本的六家电信企业重新整合为三家规模相似、业务相同的对称性企业，提高了电信业内的效率，而这种效率变化在反馈于市场结构，最终市场结构的表现就是电信业市场集中度先上升后下降。

由于改革因素的多重作用路径，单纯地比较市场集中度变化并不能完整显示电信业在经历 2008 年的兼并重组后发生的复杂变化，因此采用全要素生产率作为动态绩效的指标，分析这一次改革不同措施对全要素生产率的影响。而通过定义社会服务能力的全要素生产率和电信业盈利能力的全要素生产率，可以获知这一次电信业改革对于电信业发展在不同层面的影响。同时对比这两种不同定义下的全要素生产率受改革影响的方向与程度，可以判断这一次改革对电信业发展所获得的红利分配的影响。若这一次改革促使社会服务能力提高，而对电信业盈利能力影响不大，说明改革促使电信业发展红利分配更倾向于社会消费者，反之亦然。

3.5　小结

本章首先判定了电信业兼并重组改革的性质。其次分别定义反映电信业发展的短期（直接冲击）和长期绩效指标。这些指标可以分为两组，分别是：反映兼并重组改革直接冲击的企业收入和消费者福利；反映兼并重组改革长期影响的代表企业利益的全要素生产率和代表消费者利益的全要素生产率。再次对这次改革的"一揽子"政策进行分解，依据不同政策对电信业市场集中度的影响方向将政策划分为进入许可与企业兼并两类。进一步给出一个可以用于实证检验的理论分析框架。最后依照这一分析框架从理论上分析这一次改革对电信业绩效的综合影响。

第4章 电信业竞争性改革对电信业盈利的影响

在工业和信息化部、国家发展和改革委员会及财政部于2008年5月24日发布的《关于深化电信体制改革的通告》①中，着重强调2008年的电信业竞争性改革是为了调整电信业市场结构，构建规模相似的企业，解决电信业内利润过度集中，中国移动"一家独大"，中国联通和中国电信长期处于亏损状态这一问题。因此从电信业盈利着手，能够度量这次改革是否达到预期效果。同时，在控制需求环境变量的情况下，电信业收入上升有两种可能的原因：一种是电信企业凭借其垄断地位带来的市场势力提高价格，侵占更多的消费者剩余；另一种是电信业行业内竞争逼迫电信企业创新，通过技术进步降低成本，在价格不变的情况下获得更高收入。由于这两种方式均能达到收入上升的效果，因此在明确电信业竞争性改革的效果后，还需要分析电信业收入上升的来源，判断电信业竞争性改革的双重效应具体是如何生效，以便为未来深化改革提供有价值的信息。

本章在4.1节构建了一个反事实框架，通过匹配法消除

---

① 该通告原文见政府网页：http：//www. gov. cn/gzdt/2008－05/24/content_9913-45. htm。

组间差异，基于改革时间虚拟变量构造处理组和对照组，计算电信业竞争性改革对电信业绩效的影响。在 4.2 节中分别探讨 2008 年电信业竞争性改革的多种措施对电信业绩效的综合影响。在 4.3 节中对本章进行总结。

4.1　反事实框架下的实证分析

2008 年的电信业竞争性改革属于中央政府对全国电信行业结构的一次综合调整。虽然在主体上是针对几大上市电信运营商之间业务范围和规模的调整，但是在省级层面上的改革仍然存在先后顺序。这种差异有可能是随机的，也有可能遵循先易后难的策略。一旦是第二种策略，就会导致在实证过程中出现内生性问题。无法满足随机性要求。因此本节采用了反事实框架，通过构建一个虚拟对照组，分析是否存在内生性，并在排除内生性的基础上验证电信业兼并重组所带来的影响。

4.1.1　反事实框架构建

在评价某一种"处理"是否会对某个体最终状态产生影响时，自然科学实验通常预先设有对照组，并强调分组的随机性。在实施处理后，对比实验组和对照组最终状态的区别，来判断是否存在影响，再估计影响的大小。然而在社会科学实验中，受限于各种客观条件，难以设置对照组。即使找到对照组，也很难确保分组的随机性，这导致在社会科学实验中普遍存在选择性误差。因此，Rubin（1974）提出了"反事实框架"。其本质就是在进行实证研究时，通过计量工具，人为构造本身并不真实存在的对照组。假设存在一个社会科学实验，其结果为 y_i，y_i 的分布情况如式（4-1）所示：

$$y_i = \begin{cases} y_{0i} & \text{若 } c_i = 0 \\ y_{1i} & \text{若 } c_i = 1 \end{cases} \tag{4-1}$$

其中 c_i 为处理变量，表示个体 i 是否被"处理"。而 y_i 表示个体 i 最终所获得的结果。对于个体 i，y_{0i} 表示个体不被"处理"下所获得的结果，而 y_{1i} 表示被"处理"后的结果。但是，对于某一个体来说，除非它能穿越过去重新进行试验，否则最终只能观测到 y_{0i} 或 y_{1i}。两者结果无法同时被观察到。如果研究者想知道"处理"对最终结果的影响，即（$y_{1i}-y_{0i}$），就必须使用计量工具对缺失的状态加以替代。

由于（$y_{1i}-y_{0i}$）是随机变量，因此对其求取期望，即可得平均处理效应 $ATE = E（y_{1i}-y_{0i}）$。ATE 表示无论某个体是否被处理，它的期望处理效应。在此基础上，还可以求得参与者的处理效应 $ATE = E（y_{1i}-y_{0i} \mid D_i = 1）$，该指标反映了被处理的对象被处理后获得的收益。同理，可以求得非参与者的处理效应 $ATU = E（y_{1i}-y_{0i} \mid D_i = 0）$。

依照该框架，在选定政策变量后，控制其他条件变量可以单独计算出处理组和控制组在政策实施前后政策变量的变化量。再计算这两个变化量的差值，就可以得到政策对处理组的净影响。这一种处理方式被称为双重差分法（DID）。然而这一框架要求社会中的实验对象必须被随机地分配至处理组和对照组，否则会产生选择偏差。而由于遗漏变量的存在，这一要求在社会试验中很难被满足，导致估计偏差，这一偏差通常会导致对处理效应的高估。为克服这一问题，Rosenbaum 和 Rubin（1974）提出了倾向值匹配这一概念，先将样本的特征变量压缩为特定倾向值，再通过倾向值对处理组和控制组的个体进行匹配，消除选择偏差，即通过匹配构造出的随机化样本排除非政策因素对目标变量的影响。求取倾向值的方法很多，例如贪婪匹配和卡尺匹配等。本书采用贪婪匹配，具体的方法如下：

定义函数 $f(x_i)$，将多维向量 x_i 所包含的信息压缩至一维，再根据函数 $f(x_i)$ 进行匹配。通常所采用的 $f(x_i)$ 是基于向量空间定义的距离函数。定义马氏距离函数如式（4-2）所示：

$$d(i,j) = (x_i - x_j)' \hat{\sum}_x^{-1} (x_i - x_j) \qquad (4-2)$$

其中，二次型矩阵 $\hat{\sum}_x^{-1}$ 为 x 的样本协方差矩阵的逆矩阵。使用马氏距离进行匹配被称为马氏匹配。在此基础上，定义个体 i 的倾向值为给定 x，个体 i 进入处理组的概率，即 $P(D_i = 1 | x = x_i)$。在满足可忽略性假定时可证得 $(y_0, y_1) \perp D | x \Rightarrow (y_0, y_1) \perp D | p(x)$。为了保证存在匹配对象，还需要保证对任意 x 都存在 $0 < p(x) < 1$，即"重叠假定"。基于以上定义，可以计算倾向值并进行匹配。

选定协变量 x 后，可以使用 Logit 回归计算倾向值。并考察标准化偏差。一般要求该标准化差距在 10% 以内。标准化偏差公式如式（4-3）所示。

$$\text{standardized bias} = \frac{|\bar{x}_t - \bar{x}_c|}{\sqrt{(s_{x,t}^2 - s_{x,c}^2)}} \qquad (4-3)$$

匹配成功后参与者平均处理效应一般表达式为式(4-4)：

$$\widehat{ATT} = \frac{1}{N_1} \sum_{i: D_i = 1} (y_i - \hat{y}_{0i}) \qquad (4-4)$$

相类似，还可以得到未参与者平均处理效应表达式(4-5)：

$$\widehat{ATT} = \frac{1}{N_0} \sum_{j: D_j = 0} (\hat{y}_{1j} - y_j) \qquad (4-5)$$

和所有人的平均处理效应表达式(4-6)：

$$\widehat{ATT} = \frac{1}{N} \sum_{i=1}^{N} (\hat{y}_{1i} - \hat{y}_{0i}) \qquad (4-6)$$

4.1.2　数据统计信息

本书所用数据源于国泰安数据库、2010～2013 年中国通信统计年鉴和中国移动、中国联通与中国电信年报。数据统计特征如下，其中 t 是改革虚拟变量，改革前该变量数值为 0，改革后数值为 1。该变量作为匹配变量。

表 4-1　数据统计信息

	变量定义	变量	单位	均值	方差	最小值	最大值
被匹配变量	电信业务收入	var4	亿元	311.17	260.54	15.61	1588.49
	城镇化程度：城镇人口比重（%）	town	—	50.73	14.83	21.3	89.6
	人均 GDP	gdp01	元	32484.48	19078.14	6344.04	99607
	人口总数	pop	万人	4286.35	2707.49	284	10644
	电信业和信息服务业从业人员数	L	千人	430.15	322.24	22.35	2126.89
	电信业固定资产投资	K	亿元	102.63	69.84	8.7	424.3
匹配变量	改革虚拟变量	t	—	—	—	0	1

4.1.3 实证结果与分析

采用 Stata 软件中 psmatch 相关命令，对数据进行匹配处理，在匹配过程中采用了贪婪匹配，可以得到如表 4-2 所示结果。

表 4-2 样本匹配结构

变量	匹配前匹配后	处理组	对照组	选择偏差	选择偏差减少百分比（%）	t 值	P 值
town	匹配前	51.956	47.673	28.8	64.1	0.058	0.496
	匹配后	51.917	50.38	10.3		0.68	
gdp01	匹配前	10.39	9.8489	105.4	85.5	0.000	0.261
	匹配后	10.28	10.202	15.2		1.13	
pop	匹配前	8.1006	8.0651	4.0	−123.5	0.790	0.569
	匹配后	8.1256	8.0462	9.0		0.57	
L	匹配前	10.487	10.144	41.7	43.3	0.008	0.132
	匹配后	10.411	10.217	23.6		1.51	
K	匹配前	4.5192	4.1419	50.8	96.6	0.001	0.912
	匹配后	4.4633	4.4762	−1.7		−0.11	

在表 4-2 中，第一列是变量列表，第二列分别表示匹配前样本和匹配后样本，第三列和第四列是样本均值，第五列是选择偏差，第六列是偏差减少百分比，第七列是样本各组偏差检验的 t 值，第八列是各组在匹配后偏差检验的 P 值。

显而易见，除去人口变量，在匹配后全部变量选择偏差均显著下降，查看 t 值，可以看出在匹配后剩余变量偏差均不显著。而人口变量在匹配后偏差反而增大，但是其在匹配前后偏差均不显著，说明匹配与否不影响其选择偏差。再观察 P 值，均不显著，接受"匹配前后数据无显著差异"的原假设，可以认为整体匹配结果较好。在此基础上进行反事实框架估计，估计结果见表 4-3。

表 4-3　处理效应估计结果

c	参数估计	方差	Z 值	P 值
town	−0.249	0.041	0.000	−0.329
gdp01	6.302	1.077	0.000	4.191
pop	−2.832	0.921	0.002	−4.638
L	0.741	0.691	0.284	−0.614
K	2.736	1.049	0.009	0.680
_cons	−47.083	9.900	0.000	−66.487
ATT	0.202	0.265	0.760	0.446
ATU	−0.189	0.148	−1.280	0.201
ATE	0.104	0.194	0.540	0.591

表 4-3 中上半部分显示的是各个控制变量的估计系数，下半部分是模型估计的处理组处理效应 ATT、对照组处理效应 ATU 和平均处理效应 ATE。三大处理效应的标准误和 P 值采用 bootstroop 检验 500 次估算所得。

整体来看，无论是处理组处理效应 ATT、参与者处理效应 ATU 和平均处理效应 ATE 的系数估计均不显著，说明在原模型设定中，政府在 2008 年对电信业进行的兼并重组并没有对绩效发生显著刺激作用。依据第 3 章的分析，2008 年电信改革的不同措施对电信业绩效的影响分为相反的两面。为了更好地研究电信业兼并重组的作用，挖掘电信改革措施的多重意义，通过分解电信改革措施，构建电信业竞争性改革两面分析模型。

4.2　电信业竞争性改革多重措施分析模型

4.2.1　模型构建

2008 年电信改革的出发点是通过调整电信业市场结构，解决电信企业之间竞争架构严重失衡，经济效益低下的问题。因此本书构建的基本模型为

$$Q = f\ (HHI,\ K,\ L,\ X)$$

其中，Q 表示电信业的经济产出，HHI 表示市场结构（这一指标在 2008 年是由政府直接干预所成，属于外生变量，但是在 2008 年以后，这一指标会受到市场与企业相关因素的影响），而 $HHI = \partial HHI_{t-1} + \varepsilon$。由于政府调整的不仅是电信业整体的市场结构，还有分市场（固网业务和移动通信业务）的市场结构，因此 HHI 实际包含三个市场的市场集中度，分别是电信业总市场集中度 hhi，移动通信业务市场集中度 s1 和固网业务市场集中度 s2。K 表示资本投入，L 表示人力资本投入，X 表示控制变量。参照郑世林、张昕竹（2011）等的做法，以对数型生产函数作为基础，加入控制变量和改革变量构建模型。

电信业的经济产出通常以电信业务总量或电信业务收入

表示，两者间的差异在于电信业务总量是指以货币形式表示的电信企业为社会提供的各类电信服务的总数量，其计算方式是业务与基年的不变单价乘积之和 $\sum x_{it}p_i$，而电信业务收入则是当年的业务量与业务价格的乘积之和 $\sum x_{it}p_i$。两者之间的主要差异在于是否考量当年期价格的变化。由于电信业务收入所包含的信息更多，因此采用电信业务收入作为被解释变量。市场结构变量选择赫芬达尔指数 HHI，这一指标反映了 2008 年电信改革后电信业内市场结构的变化，因此在控制环境因素和技术因素的基础上，可以通过观察市场集中度和不同业务的市场集中度对电信业总产出的影响来确定改革对电信业的影响。控制变量则选取人均 GDP、城镇人口比例和人口总数。由于在 2011 年，电信业的规制政策发生变化（利润上缴比例发生改变），因此设置虚拟变量 con，一并加入控制组。资本投入和劳动投入分别选取当年电信业固定投资总额和员工总数。由于电信业在 2008 年的市场结构并非来自市场的调节效应，而是来自政府的直接干预。因此与 SCP 中的 Structure 不同，这一结构蕴含着政府对于市场的直接干预，不存在企业策略，而在随后的时间里，由于政府不再直接干预，因此市场结构的变化取决于市场本身和政府干预的滞后效应，因此在进行分析时需要将政府干预和市场特征同时放入模型之中。同时，政府打破了原本在电信业呈现的业务错位经营和地域错位经营的二维划分，将三大运营商放在一个统一的市场，在固网业务和移动通信业务市场展开全领域竞争。因此对于电信业，2008 年的固网业务市场集中度和移动通信业务市场集中度同样属于政府干预的外生因素。2008年的固定市场和移动通信市场的市场集中度包含了打破业务壁垒和地域壁垒的因素，而电信业总市场集中度则蕴含了合并多家运营商这一信息。由于2008年电信业兼并重组的措施均对市场结构产生了直接影响，因此将反映市场结构变化的变量作为政策变量的替代变量，能够更直观地反映不同改革措施对电信业绩效的影响。通过构建模型的方式来验证2008年政府对电信业进行调整所带来的影响。

具体模型如下：

$$\ln Y_{it} = \delta_1 \ln K_{it} + \delta_2 \ln L_{it} + \delta_3 s1_t + \delta_4 s2_t + \delta_5 hhi_t +$$
$$\delta_6 s1 \times hhi + \delta_7 s2 \times hhi + \alpha C + c \qquad (4-7)$$
$$\alpha C = \alpha_1 \ln gdp_{it} + \alpha_2 \ln pop_{it} + \alpha_3 town_{it} + \alpha_4 con$$

式（4-7）中 s1 对 lnY 的影响可由 $\delta_3 + \delta_6 \times hhi$ 得出，同理，s2 对 lnY 的影响可由 $\delta_4 + \delta_6 \times hhi$ 得出。值得注意的是，虽然2008年的电信业市场集中度和移动、固话业务集中度的变化是由政府干预引起的，属于外生因素，但是在2008年后，电信企业自身的运营情况也会对市场集中度产生影响。不同运营商之间由于效率的不同，在市场竞争中所获得的市场份额会不断变化，市场集中度、移动和固网业务的市场集中度也会不断变化，因此这三者与滞后项存在内生关系。为克服这一问题，本书采用了广义距估计 GMM 基础模型及其扩展。由于系统广义距估计（sys-GMM）综合了差分广义距估计（D-GMM）和水平广义距估计（level-GMM），更为有效，因此本书选择系统广义距估计，并使用两步法估计。系统广义距估计通过对估计方程进行一阶差分去掉固定效应，然后联立原方程与差分方程，再使用解释变量滞后项作为方程组中内生变量的工具变量，从而获得一致性估计。由于系统 GMM 估计要求模型扰动项差分不存在二阶自相关，因此本书利用 Arellano-bond 检验模型是否存在二阶自相关，并使用 SARGAN 检验是否存在过度识别的问题。在选择滞后阶数时，对因变量选择滞后 1 期，而 hhi 和 s1、s2 以及相关交乘项选择滞后 2 期。

4.2.2　数据统计信息

本书所用数据源于国泰安数据库、2010～2013 年中国通信统计年鉴和中国移动、中国联通与中国电信年报，其中市场集中度数据依据年报数据和通信统计年鉴整理获得。数据统计特征如表 4-4 所示。

表 4-4　数据统计特征

	变量定义	变量	单位	均值	方差	最小值	最大值
被解释变量	电信业业务收入	var4	亿元	311.17	260.54	15.61	1588.49
控制变量	城镇化程度：城镇人口比重（%）	town	—	50.73	14.83	21.3	89.6
	人均 GDP	gdp	元	32484.48	19078.14	6344.04	99607
	人口总数	pop	万人	4286.35	2707.49	284	10644
	电信业和信息服务业从业人员数	L	千人	430.15	322.24	22.35	2126.89
	电信业固定资产投资	K	亿元	102.63	69.84	8.7	424.3

续表

	变量定义	变量	单位	均值	方差	最小值	最大值
解释变量	移动通信业务赫芬达尔指数	s1	—	0.6	0.08	0.47	0.71
	固网业务赫芬达尔指数	s2	—	0.38	0.05	0.34	0.5
	市场结构赫芬达尔指数	hhi	—	0.39	0.01	0.37	0.41

4.2.3 实证结果与分析

将数据代入式（4-1），使用 Stata 对模型进行回归，其中模型 1 至模型 4 代表在基础模型中不断加入研究变量，实证结果见表 4-5。

表 4-5 实证结果

变量	模型 1 lvar4	模型 2 lvar4	模型 3 lvar4	模型 4 lvar4
hhi	0.009** (2.96)		-0.046*** (-4.17)	—
s1		0.018*** (3.67)	0.050*** (5.97)	
s2		0.009** (2.92)	-0.019*** (-3.91)	—
s1h				1.588*** (6.36)
s2h				0.688*** (5.53)

续表

变量	模型 1 lvar4	模型 2 lvar4	模型 3 lvar4	模型 4 lvar4
s12				2.570 *** (6.76)
sh12				−4.819 *** (−6.50)
L. lvar4	0.888 *** (29.25)	0.832 *** (27.21)	0.942 *** (29.26)	0.882 *** (22.54)
gdp01	0.031 ** (2.97)	0.096 *** (5.20)	−0.008 (−0.44)	0.050 * (1.68)
pop	0.062 *** (3.32)	0.175 *** (8.03)	0.024 (1.20)	0.135 *** (4.54)
L	−0.002 (−0.34)	−0.014 ** (−2.60)	0.003 (0.54)	−0.014 ** (−2.58)
K	0.045 *** (3.90)	0.005 (0.50)	0.033 ** (2.93)	0.001 (0.11)
town	0.006 (0.52)	−0.044 (−1.61)	0.004 (0.33)	−0.018 (−0.59)
con	0.026 *** (25.96)	0.025 *** (13.18)	0.016 *** (6.25)	
AR（1）−p	0.027	0.081	0.006	0.002
AR（2）−p	0.236	0.123	0.63	0.251
SARGAN−p	1	0.67	1	0.537

注：* 表示 P<0.1，** 表示 P<0.01，*** 表示 P<0.001。在表 4-5 中不显著的变量并未汇报。

　　表 4-5 中控制变量大小、符号与显著性相似。城镇化率对电信业务收入的影响不显著，员工总数与电信业务收入显著负相关，其他控制变量与电信业务收入呈正相关。

　　表 4-5 中模型 1 仅考虑电信业市场集中度对电信业业务

收入的影响。模型 2 仅考虑移动通信业务和固网业务市场集中度对电信业业务收入的影响。模型 3 表示不考虑电信业市场集中度、移动通信业务市场集中度和固网业务市场集中度之间相互作用时，三者对电信业业务收入的影响。模型 4 考虑三者及三者间的相互作用对电信业务收入的影响。由模型 1 可以发现，在仅考虑电信业市场集中度 hhi 上升的情况下，该指标与电信业务收入呈正相关。而在模型 2 中，分市场集中度 s1 和 s2 与电信业收入呈正相关。在模型 3 中，综合考量了总市场和分市场集中度的影响，此时电信业市场集中度 hhi 和固定市场集中度 s2 与电信业务收入呈负相关，而移动通信业务市场集中度 s1 与电信业务收入呈正相关。模型 1 和模型 3 之间总体的电信业市场集中度 hhi 与电信业务收入之间关系相反，说明电信业内部企业竞争错位的现象严重，单一考虑全部企业业务的市场集中度无法对电信业内的竞争状况得到明确的认知。固网业务主要包含宽带业务和固话业务，由于固定通信属于夕阳期的技术，极易被移动通信所取代，相反，移动通信难以被固定通信取代，因此单纯的固网业务市场中的市场势力无法转化为溢价能力，同时，固网业务需要高投入（铺设线路）所带来的平均成本和历史原因（移动从电信分离时退休职工多数都属于电信）所造成的企业负担，因此该指标与电信业务收入呈负相关。从整体考虑，电信业市场集中度 hhi 高带来的支配力确实可以提高价格，但是对于中国移动，它在移动通信中处于垄断地位，拥有市场势力，因此移动通信业务市场集中度 s2 与业务收入呈正相关，而中国联通和中国电信在固网业务之间存在一定程度竞争，同时还受到移动通信的单向取代，因此综合考虑模型 1 和模型 3，固网业务市场无法影响移动业务市场的支配力，相反移动通信市场能够影响固定市场，因此总市场 HHI 会与电信业务收入负相关。模型 3 的结果也反映出中国移动所具有的市场势力远大于中国联通和中国电信之和的事实，侧面解释了中国联通和中国电信亏损的原因。

在模型 4 中，综合考虑了电信业总市场集中度、移动通信业务和固网业务市场集中度的交互影响。电信业总市场集中度、移动通信业务和固网业务市场集中度之间的相互关系对电信业务收入都呈正相关，而三者的交乘项与电信业务收入呈负相关。这说明在综合考量整个电信业市场的市场势力变化时，总市场的市场势力对于分市场的市场势力存在扶持作用，企业在总市场中的市场势力越大，对于分业务的扶持越强。电信业竞争性改革后，原本的三大运营商均在特定市场或地域处于垄断地位，当这些运营商获得进入其他业务市场的许可后，相对于新进入市场中原本处于垄断地位运营商，新进入者受限于接入限制和基础设施不足。由于三家运营商均有在不同市场中开展新业务的需要，这给运营商之间协作谈判提供了空间。伴随企业市场实力增强，所能采取的市场策略与克服进入壁垒的能力增强（如"交叉补贴"和"线路互借"），因此总市场集中度的上升加剧了企业在弱势业务中的竞争程度，进而使整个电信市场的竞争程度增强。结合模型 1 和模型 2，在剔除三者的交互作用时，固网业务和移动通信业务的市场集中度对电信业务收入的影响变为显著的正相关，说明单独对移动通信业务和电信业市场集中度进行调整难以达到预期目的。

电信业市场势力是电信业内电信企业间市场势力的体

现，竞争错位则体现了电信业内电信企业之间存在业务壁垒和地域壁垒所导致的虚假竞争的现象。2008年的电信改革中，政府通过发放许可证和兼并重组同时对电信业市场势力和业务壁垒等进行调整。对比模型1和模型2，依据前文分析，模型1中的指标HHI涵盖了政府干预和在政府干预下市场对政府干预的回馈。该指标对电信业务收入的影响表示政府干预在2008年及以后所发生的影响，该指标系数显著为正，说明政府对电信业2008年的干预取得了明显效果，达到了改革方案中提高收益的目的。而模型2中，与HHI相类似，分市场值s1和s2同样包含着政府对于电信业市场结构的直接干预，不同的是，这两个指标还包含着政府对移动和固网业务的准入许可以及对地域限制的解除。通过打破业务壁垒，解除地域限制，电信企业之间不再呈现竞争错位的情景，而是在固网业务、移动通信业务和长江南北形成了全面而广泛的竞争。它们的估计结果表明政府对于分市场的干预同样促进了电信业业务收入增长。在模型4中，综合考虑了政府干预在不同业务领域的综合影响。s1h和s2h表示政府干预在移动通信业务和固网业务市场与电信业整体企业资源的综合影响，而s12则表示政府干预对电信业内固网业务与移动通信业务的交叉影响，sh12则表示政府对电信业多重调整的总影响。结果显示，政府对固定市场、移动通信市场的调整是卓有成效的，通过调整电信业市场结构，分别对移动通信业务产生了1.588的显著正效应，对固网业务产生了0.688的显著正效应，但是表示对电信业多重调整的总影响的sh12则产生了-4.88的显著负效应。出现这一结果的一个可能原因是：电信企业规模相似，但是处于一种不对称竞争的状态，中国移动在移动网络方面拥有竞争优势，但是固网业务处于弱势，而中国电信和中国联通正好相反，在移动通信业务端处于劣势，而固网业务端处于优势，因此在竞争中采取交叉补贴的方式，造成恶性竞争，价格下降，最终反应就是电信收入减少。该结果能够验证2011年后电信业务收入和电信业务总量之间的剪刀差（电信业务总量增量大于电信业务收入增量，该指标反映电信业盈利能力，剪刀差越大，盈利能力越小，反之亦然）逐渐增大这一趋势。

总体来看，政府在2008年对电信业市场结构的调整并未显著提升电信业务收入，相反产生了负作用。而政府对业务进入壁垒和地域壁垒的放开显著提升了电信业业务收入。最终电信业市场集中度的升高抵消了部分电信业内部调整所取得的成果。

4.2.4 稳健性检验

为验证模型稳健性，将因变量替换为与电信业务收入相关性极大的电信业务总量，采用相同生产函数、相同计量方法重新估计各参数。估计结果见表4-6。

表4-6 稳健性分析结果

	模型5 lvar3	模型6 lvar3	模型7 lvar3	模型8 lvar3
hhi	0.009* (2.48)		-0.017 (-0.97)	
s1		-0.010* (-1.98)	0.070* (2.16)	-8.230*** (-9.03)

续表

	模型 5 lvar3	模型 6 lvar3	模型 7 lvar3	模型 8 lvar3
s2		−0.010** (−3.28)	−0.030* (−1.92)	
s1h				6.426*** (9.93)
s2h				−2.154*** (−3.90)
s12				5.601*** (5.63)
sh12				−1.616 (−0.75)
L. lvar3	0.887*** (36.28)	0.907*** (28.69)	0.794*** −12.74	0.775*** (27.21)
town	0.009 (0.38)	0.079*** (3.31)	(0.001) (−0.02)	0.071*** (4.24)
pop	0.105*** (5.60)	0.090** (3.27)	0.189*** (4.24)	0.164*** (8.56)
K	−0.018 (−1.60)	−0.088*** (−9.89)	−0.021* (−1.89)	0.024 (1.24)
gdp01	0.039* (1.77)	−0.022 (−1.15)	0.138* (2.31)	−0.005 (−0.25)
L	0.029*** (3.70)	0.030*** (5.46)	0.085** (3.08)	0.000 (0.08)
_con	−0.013*** (−3.39)	−0.017*** (−4.13)	−0.026** (−3.19)	
N	180	180	180	180
Sargan-p	1	0.669	1	0.484
AR2	0.955	0.721	0.899	0.434

注：* 表示 P<0.1，** 表示 P<0.01，*** 表示 P<0.001。在表4-6 中不显著的变量并未汇报。

第4章 电信业竞争性改革对电信业盈利的影响

在表4-6中，模型5与对应模型1的系数大小一致，显著性相同。模型6与对应模型2系数大小相似，但是符号相反，显著性稍弱于模型2。模型7中HHI不显著，而s1系数和模型3符号相同，s2系数符号与模型3相反，两者显著性均弱于模型3。模型8中s1显著为负，s1h系数显著并大于对应模型4中的系数，约为其4倍，s2h系数与模型4中符号相反，绝对值约为其3倍，s12系数符号相同，约为其2倍，sh12不显著。

对比表4-5和表4-6，可以发现电信业在2008年执行的兼并重组改革对于电信业业务总量和电信业业务收入之间的影响大同小异。电信改革对于业务总量和业务收入均有相似正影响，但是作用机理不同。移动通信业务的市场集中度对两者作用相同，但是模型7中的系数更大，说明电信业务中，移动通信业务对业务总量的贡献要大于对业务收入的贡献。而固网业务在模型3和模型7中的系数相异，说明固网业务改革降低了电信业务总量，但是提高了电信业务收入。结合实际情况，由于即时通信软件通过信息传输技术将高附加值的语音业务转化为低附加值的数据业务，导致移动通信业务量激增，但是收入上涨缓慢。而在固网业务中，情况正好相反。传统的固话业务附加值低，而新兴的宽带业务拥有更高的附加值，在改革后宽带行业快速发展，在固话业务减少的同时宽带网络业务上升，虽然总固网业务减少，但是收入增加。而这几种改革的相互作用对电信业务总量和电信业务收入的影响相似，说明这次改革无论对电信业发展还是对电信企业盈利均产生了正面作用，从改革结果来看是成功的。

4.3 小结

本章利用 2007~2013 年的中国电信业省际面板数据研究了 2008 年电信业竞争性改革对整个电信业绩效的影响。为避免采用普通最小二乘法可能出现的内生性问题，在本章 4.1 节中通过采用匹配技术，构建一个虚拟的"控制组"与"处理组"对比，确保样本选择的随机性。在此基础上分析 2008 年的电信业竞争性改革对绩效带来的直接影响。进一步，由于 2008 年的电信业竞争性改革不是简单地对六大电信运营商兼并重组，而是在兼并重组时，放开了原本的进入限制，给予新运营商全业务牌照，因此在本章 4.2 节中构建了一个电信业竞争性改革两面分析模型，分析 2008 年电信改革中的不同措施对电信业绩效的影响。为避免内生性问题，在本章 4.2 节中采用了动态矩估计的方法。同时为确保结论的稳健性，本章 4.2 节中以电信业绩效的另一个指标电信业务总量作为因变量重新估计，估计结果表明原模型具有稳健性。

研究发现，2008 年电信业竞争性改革对电信业绩效的影响存在内生的矛盾，不同的措施取得的成果相互抵消，导致最终整体改革效果不显著。一方面，政府解除移动通信业务、固网业务的进入限制，许可中国电信和中国联通进入移动通信业务市场，中国移动进入固网业务市场。同时也放开了地域限制，许可中国电信可以在中国北方开展业务，中国联通可以在中国南方发展业务。政府通过上述手段矫正了我国电信业长期存在的竞争错位、条块分割的问题，强化了电信固网业务市场和移动通信业务市场内的竞争，构建了一个较为有效的电信业市场。然而受限于原有的技术条件和基础电信运营商的软硬实力，这些改革措施对电信业绩效仍然产生了不同的影响。由于在 2008 年前在移动通信业务市场上仅有中国移动一家企业，其处于绝对垄断位置，因此开放移动通信业务市场必然会促进竞争，促使供给变动，均衡价格下降，但是均衡数量上升，市场上的无谓损失减小，总福利上升。最终移动通信业务许可拉动电信业整体的绩效上升。而固网业务表现与移动通信业务不同，固网业务市场一直存在中国联通、中国网通、中国电信和中国铁通，虽然受限于区域限制导致竞争不强，但与移动通信业务市场完全垄断不同，其价格一直位于完全垄断价格之下。中国移动通过兼并中国铁通的方式进入固网业务市场，显然给了中国电信和中国联通很大压力。由于竞争压力增大，中国移动、中国联通和中国电信对价格操纵能力下降，为抢占市场只能增大基础设施投资，拓展业务空间。再加上国家"宽带中国"策略的推进，基础设施建设飞速增长，而新设备进入服役期并收回投资的周期很长，有可能存在短期内资金压力大，债务负担重，造成亏损（正如当前中国电信和中国联通处于亏损状态）。本章所取样本尚不足以覆盖这一周期，因此结合这两方面因素，固网业务市场进入许可反而降低了电信业绩效。综合考虑这两种进入许可的作用，移动通信业务进入许可对绩效的促进大于固网业务进入许可的损害，最终进入许可提高了电信业的绩效。

另一方面，由 2008 年电信改革造成的整个电信业市场集中度的上升对电信业绩效造成了较为显著的损害。虽然调整后的三大运营商之间规模相似，业务范围相同，但未满足有效竞争的基本条件，缺乏进入退出机制和足够的代理人激励机制，存在严重的"旋转门"（指作为具有行政级别的企业高级官员，可以无障碍地进入政府部门，也可以进入同行业的其他企业。例如中国移动的董事长调入中国电信继续担任董事长。这种国有企业与企业、政府部门之间无障碍流动被称为"旋转门"）现象，导致三大电信运营商之间整体上缺乏竞争意识，相反却有更大的可能进行合谋，通过价格协议确保自身利益。然而一旦达成价格协议，此时价格必然高于垄断竞争状态的价格，造成大量无谓损失，最终电信业绩效下降。

由于 2008 年电信改革措施之间存在内在矛盾，电信运营商之间的兼并整合扩大了企业规模，造成电信业整体内部市场势力上升，这一结果大大削弱了矫正竞争错位、放开进入壁垒所带来的收益，因此这一次改革最终对电信业绩效缺乏显著的影响。以此为鉴，在其他逐渐丧失自然垄断条件的行业中进行竞争性改革时，适宜以打破业务壁垒、地域限制为主，通过矫正竞争错位的方式加强竞争，而不是简单地构建超大的对称型企业。

第5章 电信业竞争性改革对消费者福利的影响

从福利经济学的观点看，效率是指以最小的社会成本代价获得最大的社会经济产出。衡量效率的标准尺度是社会总福利贡献，它包括消费者剩余、生产者剩余和外部性效应三项指标。在社会总福利中，消费者剩余处于根本的位置。消费者剩余越高，说明市场的竞争程度越充分，市场竞争越有效。而生产者剩余和外部性效应则处于从属或者派生的位置。只有通过定量地分析社会总福利——特别是消费者剩余——在数量上的变化，才能对我国电信市场变革的效果做出相对科学的评价。同时，价格变化通常可以作为消费者福利直观的度量指标，特别是在中国电信业飞速发展的情况下，电信业务总量和电信业务收入都在高速增长，如果电信业服务价格下降，说明消费者获得剩余增加，反之亦然。

第4章的分析表明，在2008年电信改革的两方面措施中，进入许可提高了电信业绩效，但是电信企业兼并导致的市场集中度上升降低了企业绩效，抵消了进入许可的积极效果，最终导致电信业竞争性改革对绩效的影响不显著。但是第4章的研究主要针对电信运营商，并未关注消费者的利益。由于电信业拥有巨大的社会属性和普遍服务性，因此消费者利益也必须予以考虑。本章通过考察改革前后电信业服务价格的变化，研究电信业竞争性改革对消费者福利的影响。

在本章中，5.1 节基于新产业经济学方法构建了一个对比分析模型，并借助匹配方法构建处理组和控制组，随后将这两组分别代入模型进行分析。由于该模型所进行的分析是基于电信业 2008 年改革的时间虚拟变量进行的，因此无法区分改革内不同措施的影响，因此 5.2 节在原始对比分析模型上进一步细化，研究不同改革措施对电信业务价格的影响。

5.1　基于 NEIO 框架的处理效应分析模型

新产业经济学方法（NEIO）源于 Bresnahan（1989）一篇对市场势力进行测度的实证文献。在此之前的研究主要基于 SCP 范式的逻辑内核，将市场结构变量视为外生变量，将企业在市场内的表现作为结果，市场本身则视为"黑箱"，内化企业行为和消费者行为（郑世林、张昕竹，2011）。而新产业经济学方法则是通过博弈论模型对厂商行为和消费者行为进行预测和模拟，打破"黑箱"，直接测度市场势力。相较于传统的 SCP 范式分析，新产业经济学方法不仅能够预测企业的行为策略，还可以通过实证对预测结果进行检验。传统的 SCP 范式认为高市场集中度会带来更高的合谋可能性，但是这个可能性本身只能依靠经验分析，而新产业经济方法能够通过估计企业行为参数的方式验证企业是否存在合谋和合谋的影响。

依据具体模型设定和所研究问题的不同，NEIO 的方法可以划分为三大类，并且每一大类都可以进一步细分为多种产品和单一产品两小类。这三种方法的核心区别在于模型估计参数方程不同，它们分别基于索罗增长模型、供给函数和使用效用函数估计。索罗增长模型在假设规模效率和希克斯技术进步的情况下，可以估算出企业的市场势力（Hall，1988）。供给函数或需求函数模型是通过模拟市场供求关系，通过联立供给与需求方程，估计企业行为参数的方法。这一方法在模型设定上更为灵活，能够较好地涵盖技术非中性和规模效率。这两种方法通常可以使用省际面板数据或行业级数据。在估算特定市场中所有企业生产单一产品（同质品）时，通常会采用省际数据，而在分析特定市场中多个企业生产多种商品（异质品）时需要采用行业级数据。与前两种方法不同，使用效用函数估计市场势力时依赖于微观数据。该方法需要以消费者数据构建计量结构模型，再假设消费者追求效用最大化的前提下估计行业内企业的市场势力（Berry et al.，1995）。在上述三种方法中，前两种聚焦于企业行为对市场的影响，后一种方法则是聚焦于消费者对企业行为的反应。由于电信业是寡头垄断并且处于卖方市场，消费者通常只能被动接受电信企业的行为策略。同时电信业在发展中有强烈的规模效应和技术非中性，因此选择生产函数法进行参数估计。

在使用生产函数法时，存在三个难点。第一个难点在于产品的界定。电信业本身是提供通信服务，多种电信产品之间的差异性难以区分，不同服务之间的替代弹性难以测度，在视为同质品后，最终市场价格也难以估计（孙巍，2008）。第二个难点在于生产函数的设定。虽然我国目前仅有三家电信运营商，但受到历史因素影响，三大运营商的技术与基础网络设施存在明显差异，生产函数上必然不尽相同。第三个难点在于行业数据到省际数据的转换。通常在假定生产函数一致且满足弱可加性时，不同省份的电信企业生产函数可以被归并，其生产函数就等于该省的生产函数与赫芬达尔指数的乘积（杨先明、明秀南、王胜华，2014）。然而如第二个难点所述，生产函数不一致和弱可加性难以满足时，原本的解决方法失效。因此这里采用 Burnstein（2005）所提出的一种解决方案，将行业数据模型归并为省际面板数据模型。每一个独立省份相当于一个独立市场，省内的电信企业处于竞争状态，会产生一个均衡价格，对一个省份内电信业生产函数进行归并，即可使用省际面板数据进行估计。

5.1.1 模型构建

电信业市场中的价格由供求关系决定，因此在市场出清的假设下，电信服务价格可由式（5-1）[①] 决定：

$$P_{st} = MC_{st}(Q_{st}, Z_{st}, \Gamma_{st}) - \theta QP'_{st}(Q_{st}, Y_{st}, \delta_{st}) \quad (5-1)$$

其中，P_{st} 代表市场价格；MC_{st} 是公司 i 的边际成本函数；Z_{st} 是成本自变量；Γ_{st} 是成本函数中参数集；P'_{st} 是在约

---

① 式（5-1）中的参数可以通过使用产业层面数据进行估计，但是本书所用为省际面板数据，即市场层面数据，因此需要进一步修正。

束下的反市场需求函数；Q_{st} 是平均产出；Y_{st} 是外生的需求变量集；δ_{st} 是反市场需求函数中的参数集合；θ 是电信市场中企业行为参数，该参数为 0~1，完全竞争市场为 0，完全垄断为 1。

在上述变量中，电信业服务平均价格并不存在一个直观的指标。由于电信业务繁多，不同省份相同电信业服务价格不同、同一省份中不同电信业服务价格也不同[1]、同一省份中不同时期价格也不同，因此需要进行处理，将不同的业务价格进行归并，创造一个一般性的可比较指标。本章参照孙巍（2008）的做法，对电信业服务价格进行归并。电信业务主要可以划分为两大类，即移动通信业务和固网业务，固网业务又可以分解为宽带业务、本地通话、长途通话；移动通信业务可分解为长途通话和本地通话。由于研究时段不同，孙巍研究的时期电信业务中宽带业务收入所占数额极小，是以并未将宽带费用折算计入电信业平均服务价格，然而本书研究时段为 2007~2013 年，因此宽带业务也是电信业务中重要组成，因此将其费用计入电信业务平均服务价格中。另外，在本书研究时段初装费已经基本消失，不计入平均价格。具体处理过程如下：首先用各项业务的通话收入比上各自的通话量，获得各项业务每单位价格，再计算各项业务分别基于上一期的环比价格指数，并进行同比处理；其次以各自的通话收入为权重计算整个电信市场的价格指数；最后为了保证在横截面上也具有可比性，将各年各地区电信服务价格指数都以北京 2007 年的电信服务综合价格指数为基

---

[1]　不同省份的电信企业拥有一定的独立性，电信企业总部也会依据各省实际情况与历史数据设定价格。

准进行可比性处理。

1. 成本函数的确定与推导

由于基础模型中需要使用边际成本函数，因此需要预设成本函数。在供给函数中，为保证成本函数的近似性和避免方程的共线性问题，本书采用超越对数成本函数形式，此函数形式以泰勒二次展开式为基础，相较于其他成本函数，无须在先前对要素间的替代弹性进行假设，该类成本函数形式在估计寡头垄断市场的成本函数中有较多的应用，其具体表达式为：式（5-1）中的参数可以通过使用产业层面数据进行估计，但是本书所用为省际面板数据，即市场层面数据，因此需要进一步修正。

在供给函数中，为保证成本函数的近似性和避免方程的共线性问题，本书采用超越对数成本函数形式，此函数形式以泰勒二次展开式为基础，相较于其他成本函数，无须在先前对要素间的替代弹性进行假设，该类成本函数形式在估计寡头垄断市场的成本函数中有较多的应用，其具体表达式为：

$$\ln C_t = \beta_0 + \beta_1 \ln Q_t + \frac{1}{2}\beta_2 (\ln Q_t)^2 + \sum_m \beta_m \ln w_{mt} +$$

$$\frac{1}{2}\sum_m \sum_n \beta_{mn} \ln w_{mt} \ln w_{nt} + \beta_3 \ln Q_t \ln w_{mt} +$$

$$\beta_4 \ln Q_t \ln w_{nt} + \mu_t \qquad (5-2)$$

为得到模型（5-2）中边际成本的函数形式，在保证实际数据的可获得性的基础上，将超越对数成本函数对 Q_t 求导并代入式（5-3）中：

$$C'_t = (dC_t)/(dQ_t) = (CdlnC_t)/(QdlnQ_t) =$$
$$C/Q×(dlnC_t)/(dlnQ_t) \tag{5-3}$$

考虑到技术变化对边际成本的影响，将边际成本函数表示为平均成本、产量和要素投入的形式。由此，成本函数的一阶导数（边际成本函数）可表示为：

$$C'_t = AC_t(\beta_1 + \beta_2 lnQ_t + \beta_3 lnw_{mt} + \beta_4 lnw_{nt}) \tag{5-4}$$

式（5-4）中 Q_t 为电信行业的总产出，C'_t、AC_t 分别为电信行业的边际成本和平均成本，w_{mt}、w_{nt} 分别为投入的资本要素和劳动力要素的价格。

2. 确定电信企业行为决定函数

假设电信行业内有 N 家企业，提供同质化的产品或服务并进行寡头竞争。那么在这一市场中，企业 i 的行为参数取决于式（5-5）：

$$\theta_t = \theta_1 T_t + \theta_2 G_t \tag{5-5}$$

其中，θ_t 表示市场行为参数，变量 T_t 和 G_t 是（0，1）时间虚拟变量，分别表示 2008 年电信业竞争性改革和反垄断调查。

3. 构建平均处理效应估计模型

在电信行业模型中，为得到市场行为中具体影响因素的参数估计，本书通过引入需求函数构建联立方程来进行求解，这样不仅能够解决模型中产量 Q_t 的内生性问题，而且可以得到供、需模型中参数的准确估计值。

在需求函数的设定中，经典的 NEIO 方法对其多采用线性函数形式，电信产品或服务的需求不仅与产品价格有关，还与人均收入、人口结构和市场环境有关。本书将电信行业的逆需求函数做如下设定：

$$\ln P = \delta_0^c + \delta_1^c \ln Q + \delta_2^c \ln(town) + \delta_3^c \ln(pop) + \delta_4^c \ln(g1) +$$
$$\delta_5^c \ln(g2) + \delta_5^c \ln(gdp) + \varepsilon \qquad (5-6)$$

$$\ln P = \delta_0^t + \delta_1^t \ln Q + \delta_2^t \ln(town) + \delta_3^t \ln(pop) + \delta_4^t \ln(g1) +$$
$$\delta_5^t \ln(g2) + \delta_5^t \ln(gdp) + \varepsilon \qquad (5-7)$$

在生产函数内代入行为参数可得式（5-8）：

$$\ln p = -\ln\{1 + [\theta_0 \delta_1 + (\theta_1 + \alpha_1)\delta_1 T + \theta_2 \delta_1 G]\} + C' + \varepsilon$$

$$(5-8)$$

由于所涉及变量极小，$\ln(1+x) \cong x$，式（5-8）可以转换为式（5-9），和处理组估计方程，即式（5-10）：

$$\ln p = -\theta_0^c \delta_1^c - \alpha_1 \delta_1^c T - \theta_2^c \delta_1^c G + C' + \varepsilon \qquad (5-9)$$

$$\ln p = -\theta_0^t \delta_1^t - (\theta_1^t + \alpha_1)\delta_1^t T - \theta_2^t \delta_1^t G + C' + \varepsilon \qquad (5-10)$$

做出假设，如果改革有效，那么改革变量系数 θ_1^t 必然不为零。因此设 $H_0 : \theta_1^t \neq 0$，$H_1 : \theta_1^t = 0$。

由于最终所得系数估计是 $\overline{(\theta_1^t + \alpha_1)\delta_1^t}$，需要分解得到系数 θ_1^t。假设 α_1 在处理组合对照组是相同的连续变量，即有

$$\overline{(\theta_1^t + \alpha_1)} = \frac{\overline{(\theta_1^t + \alpha_1)}}{\overline{\delta_1^t}}。而 \overline{\delta_1^c} 可以由处理组获得，因此可以$$

计算 $\overline{\alpha_1} = \dfrac{\overline{\alpha_1 \delta_1^c}}{\overline{\delta_1^t}}$。最终可以获得平均处理效应如式（5-11）所示。

$$ATT = \overline{\theta_1^t + \alpha_1} - \overline{\alpha_1} \qquad (5-11)$$

4. 电信业竞争性改革双重效应估计模型

由于电信改革存在两种变化，为了分解这两种影响，重

写行为参数方程 $\theta_t = \theta_1 hhi_t + \theta_2 com + \theta_3 G_t$。此时供给函数变为式（5-12）：

$$\ln p = -\theta_0 \delta_1 - \alpha_1 \delta_1 hhi - \theta_2 \delta_1 com - \theta_3 \delta_1 G + C' + \varepsilon \quad (5-12)$$

由于在该方程中，所考察变量是 hhi、com 和 G，因此式（5-12）可改写为式（5-13）：

$$\ln p = -\gamma_1 - \gamma_2 hhi - \gamma_3 com - \gamma_4 G + C' + \varepsilon \quad\quad (5-13)$$

模型（5-11）即为最终所获得的电信业竞争性改革的政策细分分析模型。

5.1.2　数据统计特征

本节数据源于国泰安数据库的分行业数据和省级数据。由于国泰安数据库中关于电信业的数据部分截止到 2009 年，部分截止到 2010 年，因此缺失部分依据《通信统计年鉴》补全。所选样本为中国大陆 30 个省（自治区、直辖市）2007～2012 年数据，共包含 210 个样本。

表 5-1　数据统计特征

	变量定义	变量	单位	均值	方差	最小值	最大值
因变量	电信业业务收入	var4	亿元	311.17	260.54	15.61	1588.49
控制变量	城镇化程度：城镇人口比重（%）	town	—	50.73	14.83	21.3	89.6
	人均 GDP	gdp	元	32484.48	19078.14	6344.04	99607
	人口总数	pop	万人	4286.35	2707.49	284	10644
	电信业和信息服务业从业人员数	L	千人	430.15	322.24	22.35	2126.89
	电信业固定资产投资	K	亿元	102.63	69.84	8.7	424.3

续表

	变量定义	变量	单位	均值	方差	最小值	最大值
自变量	移动通信业务赫芬达尔指数	s1	—	0.6	0.08	0.47	0.71
	固网业务赫芬达尔指数	s2	—	0.38	0.05	0.34	0.5
	市场结构赫芬达尔指数	hhi	—	0.39	0.01	0.37	0.41

5.1.3　样本匹配与分组

匹配理论与第 4 章 4.2 节部分相同，采用 Stata 软件 psmatch 命令对样本数据经行倾向值匹配，匹配结果如表 5-2 所示：

表 5-2　匹配结果

变量	匹配状态	处理组均值	控制组均值	选择偏差	t 值	P 值
gdp01	匹配前	10.313	9.7715	101.7	0	0.89
	匹配后	9.8906	9.8716	3.6	0.14	
pop	匹配前	8.0954	8.0604	4	0.839	0.226
	匹配后	8.0887	8.3281	−27.1	−1.23	
town	匹配前	3.8992	3.8042	32	0.094	0.733
	匹配后	3.8292	3.804	8.5	0.34	
g1	匹配前	6.8334	6.4082	37.7	0.058	0.19
	匹配后	6.5821	6.8899	−27.3	−1.33	
g2	匹配前	8.5009	7.9486	48.6	0.014	0.269
	匹配后	8.0897	8.3977	−27.1	−1.12	
var7	匹配前	7.7028	7.1545	59.6	0.002	0.495
	匹配后	7.3303	7.4809	−16.4	−0.69	

变量	匹配状态	处理组均值	控制组均值	选择偏差	t 值	P 值
var6	匹配前	6.5365	6.7436	−22	0.268	0.46
	匹配后	6.7167	6.8868	−18	−0.75	
var3	匹配前	6.6553	6.048	65	0.001	0.504
	匹配后	6.2544	6.4021	−15.8	−0.67	
var13	匹配前	8.2508	7.5773	70.7	0	0.317
	匹配后	7.8474	8.0718	−23.6	−1.01	
var12	匹配前	7.008	7.0965	−10	0.605	0.562
	匹配后	7.1159	7.2456	−14.7	−0.58	
L	匹配前	10.429	10.149	34.2	0.097	0.12
	匹配后	10.18	10.458	−34	−1.58	

在表 5-2 中，除去人口和移动交换机容量以外的变量在匹配后偏差值大幅度减小，Emeterio、Girly 和 Allan（2010）的研究显示，经匹配后，偏差降低幅度在 3%～5% 可被视为有效的。全部的变量在匹配后 P 值均不显著，说明匹配后样本之间不存在显著区别，样本之间特征相似，对应关系显著，总体匹配结果可靠。

5.2　实证结果与实证分析

将匹配后的数据分别代入式（5-6）、式（5-9）和式（5-7）、式（5-10）中，利用联立方程组估计，求得平均处理效应。然后再代入式（5-6）、式（5-13）中，分别估计企业兼并和进入许可的影响。

5.2.1 处理效应估计模型的实证分析

使用处理组和对照组分别估计式（5-6）、式（5-10），并按照式（5-11）计算处理效应。在估计中发现式（5-6）、式（5-10）中观察变量的系数值不显著。由于电信改革包含了市场集中度上升和进入许可，市场集中度上升会提高企业的市场势力，抬高价格，降低消费者福利，而进入许可会增加竞争者，提高市场内的竞争程度，压低价格，提高消费者福利。该结果表明，由于电信改革所带来的双重效应相互抵消，因此2008年电信改革对价格的影响不显著。为了进一步研究电信业兼并重组改革对电信业服务价格的影响，本节采用式（5-13）对各种不同措施的影响进行研究。

5.2.2 价格的影响因素分析

将数据代入模型（5-6）和模型（5-11），采用联立方程组估计，估计结果如表5-3所示：

表5-3 联立方程组估计结果

需求侧估计	模型 1	模型 2	供给侧估计	模型 1	模型 2
	lp	lp		lp	lp
var3	-1.100^{***}	-0.520^{***}	var3	0.0973	0.174
	(-12.11)	(-11.34)		(1.08)	(1.92)
gdp01	1.255^{***}	1.246^{***}	s1	-1.773^{**}	-1.844^{**}
	(15.48)	(13.86)		(-3.04)	(-3.08)

续表

需求侧估计	模型 1	模型 2	供给侧估计	模型 1	模型 2
	lp	lp		lp	lp
pop	1.021 ***	1.111 ***	c	0.146 *	0.143 *
	(10.85)	(12.86)		(2.20)	(2.11)
town	−0.401 ***	−0.340 ***	s2	2.545 ***	2.523 ***
	(−4.76)	(−4.46)		(7.45)	(7.23)
g1	−0.153 ***	−0.130 ***	hhi	3.117 ***	3.077 ***
	(−6.73)	(−5.23)		(12.40)	(12.12)
g2	−0.627 ***	−0.520 ***	lvar13	−0.114	−0.216 **
	(−10.80)	(−8.35)		(−1.63)	(−3.10)
var7	0.855 ***		lvar12	−0.0902	−0.0450
	(7.34)			(−1.52)	(−0.75)
var6	−0.0375		lL	0.0897 *	0.0699
	(−0.83)			(2.25)	(1.72)
_cons	−14.27 ***	−13.74 ***	_cons	−3.181 ***	−2.907 ***
	(−17.06)	(−15.17)		(−8.89)	(−8.00)
N	210	210	N	210	210

注：括号内为 t 值；* 表示 P<0.1，** 表示 P<0.01，*** 表示 P<0.001。

　　由于采用了联立方程组进行估计，表 5-3 中分别给出了需求侧和供给侧的估计结果。模型 1 和模型 2 的区别在于是否考虑网络外部性。由于电信业存在较为明显的网络外部性，在一个通信网络中，用户越多，对于其中任一用户的效用越大，反之亦然。这种网络外部性所带来的总是体现在用户迁移过程中。用户通常倾向于进入一个较大的通信网络，离开一个较小的通信网络。

　　在表 5-3 的所有估计中，业务总量与价格显著负相关，需求侧的估计结果表明，人口总数、人均收入、城镇化程度、产业结构对于一个随机省份内的平均电信业务价格均有重要影响。其中，无论在模型 1 还是模型 2 中，作为商品供给量的电信业务总量与电信业务平均价格呈现显著的负相关关系。人均 GDP 则与之呈现显著的正相关关系、人口总数也与之呈现显著正相关关系、城镇化程度与之呈现显著的负相关关系、产业结构变量第一产业产值比重和第二产业产值比重均与之呈现显著的负相关关系。而移动用户人数与电信业务平均价格之间不存在显著关系、固网业务用户人数则与之存在显著正相关关系。

在供给侧，作为商品产出量的电信业务总量与电信业平均价格之间并没有显著影响。人力投入与电信业务平均价格之间存在显著正相关、移动设备投入与电信业务价格之间不存在显著关联。在模型 1 中，固定设备投入对电信业务平均价格的影响不显著，人力投入则与之显著正相关。相反，在模型 2 中，固定设备投入与电信业务平均价格之间存在显著负相关，人力投入则与价格不存在显著相关性。在所关注的自变量之中，企业行为变量的系数均显著，移动通信业务市场集中度 s1 与电信业务平均价格存在显著负相关，固定市场业务集中度 s2 和电信业市场整体市场集中度 hhi 则与之显著正相关。反垄断调查 c 对电信业业务平均价格也有一个不是十分显著的正影响。对比模型 1 和模型 2，可以发现在是否考虑移动电话和固定电话的网络外部性对各个变量的系数方向与显著性影响时，绝大多数变量的系数大小和方向都保持一致，特别是研究变量完全一致，说明这两个模型相对稳健。

在一个特定市场中，消费者偏好不变，商品供给量上升，价格必然会下降，因此电信业务总量与电信业务平均价格之间存在负相关关系是合乎经济学理论的。同样，消费者可支配收入越多，购买力越强，人均收入也必然与价格之间存在正相关关系。任意一个省份人口越多，说明电信服务的潜在客户越多，因此各省份人口总量与电信业务价格也会呈现正相关关系。出乎意料的是城镇化率与电信业业务平均价格之间存在负相关关系。一个可能的解释是城镇化率越高，说明城市越发达，而在发达城市中，电信运营商之间的竞争也会更加激烈。竞争越激烈，价格越接近完全竞争价格。电信业内一直存在垄断力量，因此电信业务平均价格必然会位于完全竞争价格之上。由此可见，城镇化率越高电信业务价格越低是可以理解的。在前文中，城镇化率与电信业绩效呈现正相关关系，说明在发达城市，虽然处于更强烈的竞争之中，但是电信运营商不仅没有受到损失，反而获得更高收益。两相结合，说明我国电信企业由于垄断所带来的低效率造成了极大的社会福利损失，急需通过竞争激发企业活力提高效率。产业结构变量则是与电信业务平均价格负相关，由于农林牧渔的从业者收入低，消费能力有限，同时这些行业的从业人口的通信需要低，因此第一产业产值比重越大，对电信业务的需求越少，同时第一产业从业人员对电信业务的依赖度越低，造成需求曲线下移，需求量下移，使均衡价格降低。

另外，在计算电信业务平均价格时，由于长途通话业务和移动通信业务的单位通话价格高，占据了相当大的比重，因此第二产业这种密集型企产业对于长途电话、移动电话业务的需求少，本地通话需求多的情况会对电信业务平均价格产生负影响。由于第三产业产值比重与第一、第二产业产值比重之和呈负相关关系，因此可以推断第三产业产值比重与电信业务平均价格之间存在正相关关系。由于第三产业是服务业，属于人口密集型产业，而且从业者之间、从业者与客户之间互动频率高、互动时间长，通信需求极大，通信量也大，因此该指标必然与电信业务平均价格呈正相关。移动通信业务用户数与电信业务平均价格相关性不显著，说明移动通信业务用户总数对电信业务平均价格缺乏影响。由于我国电信业市场在 2008 年之前一直是由中国移动垄断移动通信业务（中国联通的份额过小可忽略），因此中国移动拥有垄断势力，可以执行垄断定价，这样价格便会脱离市场定价，由企业操纵。而在 2008 年之后，虽然中国电信和中国联通积极扩展移动通信业务，但是中国移动占据了用户规模、线路铺设、客户认知和技术优势，依然在移动通信业务占据了 80% 的份额，因此依然拥有垄断定价的能力。最终在移动通信业务市场失灵，移动通信业务用户数量无法影响电信业务平均价格。固网业务用户数量与电信业务价格呈正相关关系。由于固网业务市场上一直存在中国电信、中国联通、中国铁通和中国网通多家电信运营商，因此一直存在一定程度的竞争（虽然竞争错位降低了企业间的竞争程度），确保市场没有完全失灵，当用户数量上涨时，需求量上移，导致均衡价格上升。模型 1 和模型 2 在供给侧估计中固网业务设备投入和人力投入之间虽然存在差异，但在 15% 水平上两者均显著，且方向一致。由于固网业务市场上存在多家电信运营商，为了强化竞争力，会主动投资基础设施建设提高自身用户容量，因此该指标在一定程度上反映了竞争的激烈程度。该指标越大，反映竞争越强烈，因此该指标与电信业务平均价格之间呈负相关。相对应的是移动通信业务设备对电信业务平局价格毫无影响。由于移动业务市场自始至终都有中国移动这一霸主，它处于绝对的垄断地位，不需要增大设备投资应对竞争，因此移动通信业务设备投入对电信业务平均价格没有显著影响。同时，由于电信市场整体上属于卖方垄断市场，必然会存在企业组织臃肿、效率低下的问题。电信员工中相当部分缺乏足够的激励和机会创造价值，因此员工人数上升带来的成本压力远大于电信业务收入增加，导致员工数量与价格成正比。

表 5-3 中四个解释变量的表现与理论预期不完全一致。其中，移动通信业务市场集中度 s1 显著降低了电信业务平均价格。该指标代表的是 2008 年电信业竞争性改革中政府对移动通信业务市场的结构调整，因此它预示着政府对该市场的直接干预。政府通过发放许可证的方式，将中国联通和中国电信投入移动通信业务市场，改变了中国移动的完全垄断地位，将移动通信市场有完全垄断调整为寡头垄断，在一定程度上强化了竞争。中国联通和中国电信作为该市场的新进入者，要想挑战中国移动的垄断地位，必须在移动通信服务质量和价格上努力。受限于网络铺设范围和现有用户数量，在质量上中国电信和中国联通难以与中国移动竞争，那么提供更优惠的价格则是中国联通和中国电信所能选择的最直接策略。在一个标准的寡头博弈中，古诺均衡下的均衡价格肯定要低于完全垄断情况下的价格。伴随着中国电信和中国联通对于移动数据网络的建设，两者所能提供的产品数量和质量也会不断上升，最终促使移动通信业务价格进一步

下降。

固网业务市场集中度指标 s2 则显著提高了电信业务平均价格。与移动通信业务市场集中度指标 s1 同理,该指标代表了我国政府在 2008 年对电信业固网业务市场的直接干预。出现这一结果可能有三方面的原因。首先,在 2008 年电信业兼并重组中,移动通信业务是以许可牌照的方式发放给中国电信和中国联通(中国联通获得在南方发展的机会),但是固网业务方面不同。中国移动是以兼并中国铁通的方式进入固网业务市场,相对于移动通信业务市场,固网业务市场上的竞争格局并未发生根本性转变,依旧是中国电信和中国联通、中国铁通之间的竞争。只不过是在原本就存在三方竞争的基础上,更换了其中最为弱势的一家运营商的所有权,同时竞争范围从局部扩展到全国南北各地。相对而言,中国移动未必有足够的意愿去追加投资进入一个低收益市场[①](相对于移动通信业务,固网业务一直是一个亏损产业),即使有足够的意愿,想把中国移动的资金优势转化为固网业务市场上的竞争力也需要大量时间,显然中国移动在 2013 年前并未有明显动作。从统计信息中可以看出,在固网业务市场上,市场势力不减反增,在 2008 年的兼并重组后,固网业务市场集中度不降反升。因此固网业务进入许可在这一阶段会对价格产生正影响也是正常的。其次,伴随电信业竞争性改革,固网业务中业务构成也在逐渐发生变化,传统的固话业务在逐渐减少,宽带业务在飞速发展。由于宽带业务的单位价格更高,当宽带业务占固网业务比重上升

---

① 实际上中国移动总公司对于中国铁通一直是冷处理,既不投资也不整合,仅仅是通过裁员控制成本。

时，固网业务平均价格自然也会上升。作为时间序列变量，固网业务市场集中度 s2 并不能完全排除这种随时间发展的技术进步的影响。由于该指标不仅包含改革信息还包含时间节点中的相关技术进步的信息，因此该指标会拉动电信业务平均价格。相对而言，由于移动业市场并没有出现这种极其明显的技术变化，因此指标 s1 所反映的是较为单纯的政府调整所带来的影响。最后，固网业务本身是一种固定投资大、沉没成本多的业务，新企业进入也可能会产生 A-J 效应，新进入企业为扩大市场盲目进行重复网络铺设，大幅度提高了成本，只能通过提高价格的方式将这部分成本转移给消费者，最终体现为电信业务平均价格上升。电信业市场整体市场集中度指标 HHI 显著地提高了电信业务平均价格。与普遍观点相符合，由于这一次电信业竞争性改革是以兼并重组的方式进行的，电信业市场内的企业数量由六家变为三家，因此市场集中度上升，各个电信运营商的市场势力增大，同时不同运营商之间合谋的难度大大降低，更遑论我国电信业所特有的"旋转门"现象。这种"可能的合谋"必然促使企业组成卡特尔性质的价格联盟，促使价格进一步提高。依据于左等（2016）的研究报告，我国移动通信市场的套餐式定价明显存在价格协议。然而，受限于电信企业的国有属性，反垄断部门难以针对性执法。这也是 2011 年中国发改委反垄断局对电信业进行的反垄断调查对电信业务平均价格的影响预计与其相反的重要原因。

2011 年针对电信业的反垄断调查的影响与预期相反，不仅没有降低，反而提高了电信业务平均价格。为解释这一结论，需要从头理顺 2011 年电信业反垄断调查的原因、过程和结果。首先，这一次调查起因是针对 2008 年中国铁通起诉中国电信和中国联通对其接入设置障碍，索要远超其他同类 isp 商的接入费用，以及部分省份的电信企业为了自身利益，违反规定私自在其他相邻省份发展业务。按照规定，不同省份之间的宽带流量不能直接跨省使用，这种流量穿透导致被发展业务的省份电信企业损失部分收入。这一次反垄断主要是聚焦于这两点。由于这些问题发生于 2008 年，因此 2011 年的反垄断调查应该属于追溯中国电信和中国联通过去的垄断行为，而不是当下的垄断行为，因此可能对当期的影响有限。而流量穿透虽然属于违规行为，但是其本质却是不同省份之间电信企业的竞争，反而促进了价格下降。禁止这种行为，等于削弱竞争，价格必然上升。其次，在调查过程中曲折颇多，反垄断局的级别不如中国电信和中国联通的董事长，因此调查遇到很大阻力。同时"接入瓶颈"问题数据一个专业性非常强的技术性问题，反垄断局缺乏足够的知识库去处理这一问题。另外，政府对不同电信网络间的接入规制措施也存在问题。基于边际成本的定价方法极度依赖于边际成本的确定，但是除去在位厂商，其他人难以了解真实的接入成本，最终导致规制失灵。最后，这一次反垄断调查以中国电信和中国联通做出调整，承诺取消接入限制结束。由于最终的结果是电信运营商自查自改，不排除为了应付反垄断调查虚与委蛇的情况，导致反垄断调查失去效力。综合来看，禁止流量穿透会提高电信业务平均价格，而接入规制定价权利仍掌握在中国联通和中国电信手中，难以降低价格。最终电信业务平均价格不降反升。

5.3 小结

本章利用 2007～2013 年的中国电信业省际面板数据研究了 2008 年电信业竞争性改革对电信业务平均价格的影响。借助新产业组织经济学（NEIO）方法，在 5.1 节中构建了一个处理效应估计模型，通过采用匹配技术，构建一个虚拟的"控制组"与"处理组"对比，确保样本选择的随机性。在此基础上分析 2008 年的电信业竞争性改革对电信业务平均价格带来的直接影响。进一步，由于 2008 年的电信业竞争性改革不是简单地对六大电信运营商兼并重组，而是在兼并重组时，放开了原本的进入限制，给予新运营商全业务牌照，因此在 5.1 节中构建的 NEIO 模型基础上进一步修改，最终在 5.2 节中构建了一个新的电信业竞争性改革两面分析模型，分析 2008 年电信改革中的不同措施对电信业绩效的影响。为避免内生性问题，在 5.2 节中采用了联立方程组估计的方法。

与第 4 章所得结论相似，2008 年电信业竞争性改革对电信业务平均价格的影响存在同样存在内生的矛盾，不同的措施取得的成果相互抵消，导致最终整体改革效果不显著。一方面，政府解除移动通信业务、固网业务的进入限制和固网业务经营范围的限制，另一方面，通过兼并整合电信业内运营商，提高电信业市场集中度。在解除进入限制的改革措施中，解除移动通信业务市场进入限制促使电信业平均服务价格下降，而解除固网业务市场进入限制促使电信业平均服务价格上升。而调整行业结构、提高市场集中度的措施显著提高了电信业平均服务价格。对照第 4 章所得的结论，不难发现在 2008 年电信业竞争性改革的措施中，凡是促进电信业绩效的措施均降低了电信业务平均价格，凡是拉低电信业绩效的措施均提高了电信业务平均价格。这一结论与第 4 章的结论相互验证。不同改革措施对电信业务平均价格的影响预期对绩效的影响类似，均是通过引入竞争恢复市场的调节作用，促进价格由垄断价格向竞争价格靠拢，在这一过程中，通过消除无谓损失，提高社会总福利，企业和消费者均能获利。第 4 章和第 5 章最终结论的对称性不仅验证了第 4 章和第 5 章分析的稳健性，也说明我国电信业确实存在严重的垄断，电信业市场失灵。

由于在我国电信业市场存在这样的垄断，电信运营商借助自身垄断地位操纵价格，致使价格严重偏离有效竞争下的均衡价格，造成市场失灵，产生了大量的无谓损失。因此凡是强化竞争的政策几乎都能促使电信业务平均价格向市场有效情况下的均衡价格移动，在确保价格下降的同时减少无谓损失，扩大总社会福利。由此可见，在进一步深化市场化改革时，适宜以引入新进入者的方式强化竞争，而非单纯地调整市场结构，构建对称的大型企业。

第*6*章 电信业竞争性改革对全要素生产率的影响

　　虽然第 4 章和第 5 章已经从企业绩效和消费者福利的角度分析了 2008 年电信业竞争性改革对电信业的影响，但是这两章属于静态分析，所取得的结论是对现状的归纳而非对未来的预期。在评价一项政策的影响时，不仅需要从静态考虑它对目标的影响，更需要从动态的角度考察该项政策是否能够促进目标发展。而这种发展通常用全要素生产率度量，如果该项政策能够促进全要素生产率增长，就说明该政策促进了目标内生增长提高了效率，反之亦然。如果电信业兼并重组改革某项政策对全要素生产率有促进作用，那么即使通过静态分析发现该政策在短期内会损害消费者利益，在长期中该政策依然能够提高消费者利益。因此本章在 6.1 中对整个电信业全要素生产率进行了测度，并在 6.2 节中构建反事实框架分析 2008 年电信业竞争性改革对电信业全要素生产率及其分解的影响。在 6.3 节中分析了不同改革措施对电信业全要素生产率及其分解的作用。在 6.4 节中对本章进行总结。

6.1 电信业全要素生产率测度

为了更精确地描述电信业在 2008 年改革政策出台后的变化，本书采用全要素生产率来刻画电信业效率的变化。估计全要素生产率的文献普遍采用三种方法，分别是索洛余值法、随机前沿法（SFA）和马奎斯特数据包络分析法（MQ-DEA），现有文献普遍使用 DEA 或者 SFA 来计算电信业的效率。这三种方法各有优劣，相比较而言，在无法确定生产函数具体形式或存在多产出时，数据包络分析模型（MQ-DEA）方法更优，如果能够精确定义电信业生产函数，那么随机前沿法（SFA）能够更精确地刻画参数，并提供参数检验。由于在 2008 年兼并重组改革前电信业内部多家企业业务范围不同，技术条件差异较大，设定生产函数较为困难，因此选择数据包络分析法（DEA）。在采用 MQ-DEA 方法测度全要素生产率的文献中，不同文献的区别主要在于所选取的投入指标和产出指标有所不同，通过这种方式，可以获得不同定义的全要素生产率。

6.1.1 全要素生产率测度模型简介

本书使用基于曼奎斯特指数的 DEA 方法计算全要素生产率。曼奎斯特指数由 Caves、Christensen 和 Diewert（1982a，1982b）提出，用 Malmquist 投入距离函数和产出距离函数来定义 TFP 指数，因此被命名为 Malmquist TFP 指数。Malmquist TFP 指数主要通过从时期 s 到时期 t 过程中可观察的产出向量和投入向量的径向距离构建的，因为距离既可以是面向产出也可以是面向投入，所以导向不同，TFP 指数的结果会不同，但是如果两个时期生产技术都处于规模报酬不变，那么面向产出和面向投入的方法计算所得结果是相同的。Malmquist TFP 指数的生产率变动主要来自两个方面：效率改变和技术进步。问题是有没有其他因素未在该指数的考虑范围但却影响生产率增长？因此，技术的规模报酬特性在这里就起了很大作用。如果生产技术维持规模报酬不变状态，那么生产率增长就只有效率改变和技术进步两个影响因素。但是如果生产技术处在规模报酬可变状态，那么应该还可以通过扩大运行规模或提高规模效率来促进生产率的提高，也就是说，此时生产率变动的影响因素变为三个：技术进步、技术效率和规模效率。

6.1.2　投入、产出变量选取与数据统计特征

在选取投入产出指标时，不仅要考虑研究情景，也要考虑数据的可获得性。到目前为止，相关文献通常采用的产出指标包括电话通话总时长、电信业务总量、电话用户总数或者电信业务总收入作为产出指标。不同的产出指标适用于不同的情景。Seo 和 Shin（2011）采用电话时长作为产出指标。Lam 和 Pun-Lee 等（2008）、郑世林和张昕竹（2011）等选取电信业务收入。李再扬和杨少华（2010）等选取电信用户总数和电信业务总量。通常来讲，电信业务总量代表

电信业的综合经济效益，而电话用户总数则体现消费者福利。本书分别采用电信业务总量和电话用户总数作为衡量产出的指标计算电信业全要素生产率。按电话用户总数估算的全要素生产率代表了消费者在电信业增长过程中所获得利益。按电信业务总量估算的全要素生产率代表了电信企业在电信业增长中所获得利益，这一收益不仅包括电信业发展所带来的生产者剩余，也包括电信企业通过垄断价格从消费者处掠夺的消费者剩余，对这两种模型所估算出的全要素生产率进行分解，能够解释利益的来源。

投入指标可以划分为资本投入和劳动投入。在其他领域的研究中，常用固定资本存量和员工人数作为投入变量，受限于数据，无法直接采用各个省份电信业固定资产存量作为资本投入，参照现有文献的普遍处理方法，使用设备能力代替资本存量，资本投入主要选用局用交换机容量（万门）、长途电话交换机容量（万门）、移动交换机容量（万户）作为替代变量（见表6-1）。劳动投入则采用电信业职工人数来衡量，由于在《中国统计年鉴》公布的数据中，2003年以前电信业和邮政业的职工人数合并在一起，难以分离出电信业的职工人数，同时考虑到本书要确定2008年电信业竞争性改革所带来的影响，因此为保证统计口径的一致性，同时为了避免混入新兴技术对传统通话业务的替代作用，没有分析2012年后电信业TFP的变化。事实上，自2011年起，随着米聊、微信和易信等第三方聊天软件的兴起，电信业传统的通话和短信业务受到了极大的冲击，运营商也开始向网络服务商转变。由于市场环境已经发生极大改变，传统的TFP计算方式已不适用，因此并没有加入考察范围。最终，本书选择 2003～2011 年的电信业作为研究对象，数据源于国泰安数据库，缺失数据按照《中国通信统计年度报告》补全。

表 6-1　数据统计特征

变量	符号	样本数	均值	方差	最小值	最大值
电信业务总量（亿元）	var3	279	535.93	562.79	8.88	4175.38
长途交换机容量	var1	279	463398.2	448002.9	34540	3091375
局用交换机容量	var12	279	1484.39	1112.75	50.8	5507.1
移动交换机容量	var13	279	3041.9	2958.08	48	19076.7
电信业从业人员（人）	L	279	33355.28	21761.09	2164	134259
电话用户总和（万户）	var2	279	2990.4	2415.77	61.7	14312.3
地区生产总值（亿元）	gdp	279	8826.37	8450.31	189.09	49223.2
第一产业比重	g1	279	12.83	6.46	0.7	37.01
第二产业比重	g2	279	47.41	8.17	22.53	61.5
年底人口数（万人）	pop	279	4211.74	2670.04	270.17	10504.85
居民消费支出（亿元）	var4	279	2755.29	2524.48	66.84	17546.46

6.1.3　测度结果与分析

经计算所得全要素生产率可分解为技术进步和技术效率，技术效率可以进一步分解为纯技术效率和规模效率。图 6-1 和图 6-2 是 31 个省份以 2003 年为基期，2004～2011 年全要素生产率、技术进步、纯技术效率和规模效率的均值。其中，图 6-1 以电信业务总量为产出指标计算全要素生产率，记为 TFP；图 6-2 是以电信业务用户数为产出指标计算的全要素生产率记为 telTFP。

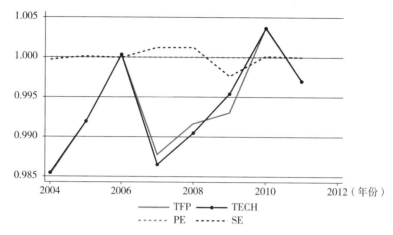

图 6-1　以电信业务总量为产出的曼奎斯特 DEA 效率

由图 6-1 可以看出，2004～2011 年，电信业全要素生产率经历了一个非常明显的起伏，自 2006 年起，在 2007 年进入最低谷，在 2010 年达到最高峰，随后再次下降。进一步考察全要素生产率的组成结构可以发现，纯技术效率波动极小，技术效率的变化主要是由规模效率的变化所引发的。规模效率的变动方向与技术进步的变动方向相反，而技术进步的变动幅度普遍大于规模效率的变动幅度，因此电信业全要素生产率的变动是由技术进步所拉动。2005～2007 年技术进步大幅度下降，这可能是政府在 2005 年出台的价格上限规制政策没有达到预期效果，并没有刺激企业积极创新。另外，为适应高速增长的需求，2008 年前电信企业都在增加固定资产投资，铺设线路、增加容量。这使规模效率得以上升。2008 年，电信业竞争性改革方案正式出台，并开始执行。在调整中，电信业主要企业全部受到波及，重组合并导致规模效率发生变动，在电信业调整完成后，全要素生产率得以提高。

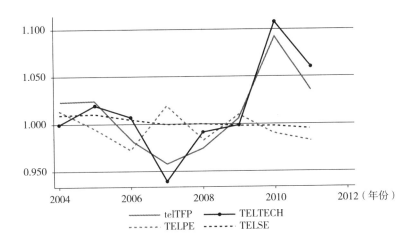

图 6-2　以电话用户总数为产出的曼奎斯特 DEA 效率

　　如图 6-2 所示，以电话用户人数作为产出变量时，2005~2007 年全要素生产率大幅度下降，2007~2010 年不断上升。技术进步是拉动全要素生产率变动的主要动力。与图 6-1 不同，图 6-2 中规模效率的波动十分平稳，相反纯技术效率波动较为剧烈。并且在多数时间与技术进步变动方向相反。2005 年出台的价格上限规制政策极大地降低了全要素生产率，纯技术效率和技术进步都表现出下降趋势，直到 2007 年达到谷底。伴随 2008 年开始的电信业主要企业合并，全要素生产率逐渐上升，并于 2010 年达到最高点。从以电信业务总用户数计算出全要素生产率 telTFP 及其分解的变动可以看出，2008 年的电信改革对电信业全要素生产率的影响主要靠影响技术进步发挥作用。2008 年的电信改革通过解除移动通信市场进入限制、引入竞争，但新进入企业需要重新铺设线路、扩大投资，而在这一过程中是无法提供服务的，因此移动通信市场的进入许可会对 telTFP 产生一个负效应。同样，受到网络外部性的影响反而在固网业务市场，已经存在较为成熟的网络，放开进入限制会促进价格下降，消费者增多。同时，兼并政策对 telTFP 有正影响，说明依据有效竞争理论构建对称的电信运营商能取得一定成效。

结合图 6-1 和图 6-2 可以看出，在两种计算方法中全要素生产率和它所分解出的技术进步、纯技术效率和规模效率都有很大的不同。特别是在 2004~2006 年，代表电信业综合经济效益的 TFP 一直维持高速上升的趋势，而代表消费者利益的 telTFP 则显现出了先升后降的趋势。这说明消费者并没有从电信业的高速发展中获益，电信业市场存在着垄断，消费者剩余被剥夺并转化为生产者剩余。最终导致电信业综合经济效益上升，但消费者利益受损。在 2008 年前后，虽然全要素生产率走势相类似，但是技术进步、纯技术效率和规模效率却有很大不同。这一结果说明 2008 年进行的电信业竞争性改革对电信业的综合经济效益和消费者福利有着截然不同的影响。下文通过倾向值匹配构造反事实模型，借此分析 2008 年电信改革对电信业综合经济效益和消费者福利的影响。

6.2 反事实框架构建与影响因素分析

现有文献都默认电信改革是由中央政府推动，与地方经济发展状况无关。然而，赵晓力、杨显佐和杨东亮（2007）的研究证明，电信业发展与经济发展之间存在内在联系。电信改革很可能是因为电信业的发展落后于经济发展，只能通过改革对电信业的竞争架构、资源配置和发展趋势进行调整，使之与最新的经济形势相配套。所以电信改革既是中央政府推行的结果，也是各省份自身经济发展的内在要求。因此，本书假设"电信改革是政府和地方经济发展共同推动的结果"。为了论证这一假设，采用反事实框架进行分析，如果 ATE 等于 ATT，则说明电信改革是完全外生的，反之则说明电信改革也受到地方经济发展状况的影响。定义某一省市内生经济特征变量 x_i，该省份是否参与电信改革取决于 x_i，即 $(y_{1i}=y_{0i})\perp D_i\,|\,x_i$。在这里 x_i 被称为协同变量，可以用于倾向值匹配。参考相关文献，本书从经济能力和电信业发展潜力两个层次选择指标。经济能力包括地区 GDP 总量、居民人均消费支出和人均 GDP。电信业发展潜力包括总人口数量、产业结构、地区总体经济水平。这些指标分别利用年末总人口数和第一、第二产业比重。本书参照郑世林、张昕竹（2011）和郑加梅、夏大尉（2014）的做法，以政策被执行的时间作为处理变量，考察电信业竞争性改革政策的作用。由于 2008 年年末才进行合并，设定 2009 年起，包含

2009 年，处理变量 c = 1，2009 年前，处理变量 c = 0。综上所述，本书分别选取全要素生产率、技术进步、纯技术效率和规模效率作为产出，年末人口总数、人均 GDP、第一、第二产业比重、地区 GDP 总量、居民消费支出作为协同变量，并定义处理变量 c。由于计算全要素生产率时采用了两种不同的产出变量，因此对两组全要素生产率分解结果分别进行倾向值分析。

6.2.1　匹配结果

分析以电信业务总量为产出的 TFP 受到的政策影响。在进行匹配时，由于样本数量相对较少，因此选择有放回抽样。在构造对照组时，选择 1∶1 匹配。协变量匹配平衡检验结果倾向值匹配结果如表 6-2 所示。

表 6-2　协变量匹配平衡检验结果

协变量	是否匹配	样本均值		标准偏差	偏差减少	t 值	P 值
		处理组	对照组				
GDP 总量	否	12070	6488.6	69.1	85.4	5.63	0.495
	是	9882.8	10697	−10.1		−0.68	
第一产业比重	否	11.028	13.426	−39.6	21.6	−2.94	0.004
	是	12.019	10.14	31		1.62	0.107
第二产业比重	否	48.23	47.249	12	2.2	0.91	0.363
	是	48.137	48.409	−3.3		−0.19	0.847
人均 GDP	否	31184	17613	93.3	81.8	7.41	0
	是	27480	29949	−17		−1.08	0.28
人口总数	否	4291.2	4178.2	4.2	28.6	0.32	0.748
	是	4046.3	4127	−3		−0.19	0.851

续表

协变量	是否匹配	样本均值		标准偏差	偏差减少	t 值	P 值
		处理组	对照组				
居民总消费	否	3990.9	2237.1	66.3	84.1	5.4	0
	是	3210.6	3489.9	-10.6		-0.75	0.455

根据表 6-2 所示结果，在进行 1∶1 倾向值匹配后，协变量的标准偏差的绝对值都大幅度减少，普遍维持在 10% 左右，相较匹配前减少幅度在 20% 以上。对匹配后数据进行双变量 X^2 检验，所得 t 值均小于临界值 1.96，P 值也均不显著。说明在匹配后在同一配对之中处理组和控制组协变量 x_{ij} 不存在显著差异。因此可认为本书匹配变量选取合适且匹配方法选择恰当。匹配后的分组情况如下：

表 6-3　分组前后样本变化

分组	不匹配	匹配	总和
改革前	5	150	155
改革后	12	81	93

表 6-3 显示了改革前后各个省份进行配对的结果。在匹配后，改革前的数据损失了 3% 的样本，改革后损失了 12%，总损失不到 7% 的数据，可以接受。

6.2.2　实证分析

采用 Stata 软件计算处理效应，并使用自助法匹配后所求得的 ATT、ATE、ATU 的标准误与 P 值。以电信业务总量作为总产出计算的全要素生产率及其分解的结果如表6-4所示，以用户数作为总产出计算的全要素生产率及其分解的结果如表6-4所示。

表6-4　处理效应一的估计结果

TFP	全要素生产率	技术效率	技术进步	纯技术效率	规模效率
ATT	-0.000346	-0.00277 ***	0.00241	0	-0.00277 **
	(-0.05)	(-3.30)	(0.38)	(.)	(-3.02)
ATU	0.0110	-0.00262 **	0.0136	0	-0.00262 **
	(0.84)	(-2.87)	(0.88)	(.)	(-3.07)
ATE	0.00703	-0.00268 ***	0.00970	0	-0.00268 ***
	(0.77)	(-3.59)	(0.91)	(.)	(-3.58)
N	248	248	248	248	248

注：括号内为t值；＊表示P<0.1，＊＊表示P<0.01，＊＊＊表示P<0.001。

表6-4显示，2008年电信改革政策所引发的电信企业合并对技术进步和全要素生产率没有显著影响，对技术效率存在显著影响。也就是说，全要素生产率在2009年后的提高与2008年的电信改革并无关联。在表6-4中，并没有显示纯技术效率的估计值，这是因为纯技术效率的波动基本为0，因此技术效率的波动完全是由规模效率的波动贡献的。依据ATT结果，电信业竞争性改革政策显著降低了规模效率，幅度为0.00277。如果不进行改革，那么根据ATU的结果，电信业规模效率将会下降0.00262。这说明电信改革在一定程度上减少了规模效率的损失，减少幅度大约为0.0001。另外，处理变量对规模效率的ATE和ATT相似，假设两者不存在显著差异并进行检验。经检验，P值为

0.8870，无法拒绝两者不存在显著差异。这一结果否定了本书对于电信改革存在内生驱动的假设，说明从电信业自身综合经济利益的角度，电信改革属于外生因素，也就是说电信企业不会有动机去寻求改革。

同理，使用 telTFP 作为因变量进行分析。匹配前后协变量偏差变化与表6-3一致。匹配后样本分组情况也与表6-4一致。使用自助法匹配后所求得的 ATT、ATE、ATU 的标准误与 P 值，结果如表6-5所示。

表6-5　处理效应二的估计结果

telTFP	全要素生产率	技术效率	技术进步	纯技术效率	规模效率
ATT	0.0649***	−0.00598	0.0597***	−0.0163	−0.00466
	(3.51)	(−0.41)	(3.74)	(−1.39)	(−0.83)
ATU	0.0322	0.00672	0.0323	0.0140	−0.00642
	(1.57)	(0.40)	(1.56)	(1.03)	(−1.83)
ATE	0.0519***	0.00227	0.0419**	0.00194	−0.00581
	(3.37)	(0.18)	(2.68)	(0.19)	(−1.50)
N	248	248	248	248	248

注：括号内为 t 值；*表示 $P<0.1$，**表示 $P<0.01$，***表示 $P<0.001$。

表6-5显示的结果与表6-4中的结果有显著不同。不仅处理效应对全要素生产率的影响十分显著，而且这种影响是以影响技术进步的方式驱动的。2008年的改革政策使电信业技术进步上升了0.0597。相对的，这种企业合并对规模效率和纯技术效率的影响并不显著。这是因为2008年的电信重组，使中国移动、中国电信及中国联通均成为全业务综合性电信运营商。虽然受限于基础设施，无法迅速

进入并打开市场，但这种"未来"必然会进入市场所形成的威胁加剧了电信业内部竞争，催发企业改善服务、管理和技术，提高了电信企业的全要素生产率。技术进步的ATT和ATE结果存在显著差异，支持本书对电信改革存在内生驱动的假设。这说明各省份自身的经济发展迫切需要电信业提高消费者福利。

6.3 全要素生产率多因素分析模型

在6.2节中已经借助虚拟变量，通过构建反事实框架的方式分析了电信业兼并重组对电信业全要素生产效率的影响，但是这一分析中并没有能区分不同改革措施对全要素生产率及其分解不同的影响。通过结合相关理论，在实证分析部分做出了一定猜想，为了验证这些猜想，需要构建一个更加详细的两面分析模型，深入探索不同改革措施对电信业全要素生产率及其分解的影响。

6.3.1 模型构建

电信业全要素生产率的计算过程中已经包含投入数据，因此在全要素生产率的影响因素的分析模型中不考虑资本存量和劳动投入。

由于电信业竞争性改革可以划分为兼并和发放进入许可两部分，因此分别选取不同市场的市场集中度变化作为替代变量，分别是移动通信市场集中度 s1、固定市场集中度 s2 和电信业市场集中度 hhi。在确定自变量和因变量后，为确保研究的稳定性和合理性，参考其他文献，选取人口总数 pop、城镇化指数和产业结构变量第一产业产值比重 g1 和第二产业产值比重 g2 作为控制变量。分别控制不同省份的人口特征、城乡结构和产业特征。6.2 节中的全要素生产率是由不同产出计算所得，因此全要素生产率的影响模型也需要相对应设置为两个。这两个模型的区别仅体现在因变量不同，分别是 TFP 和 telTFP。

构建如下模型：

$$TEP = \alpha_1 lnpop + \alpha_2 lntown + \alpha_3 lng1 + \alpha_4 lng2 + \beta_1 s1 + \beta_2 s2 + \beta_3 hhi + \varepsilon$$
$$(6-1)$$

$$telTEP = \alpha_1 lnpop + \alpha_2 lntown + \alpha_3 lng1 + \alpha_4 lng2 + \beta_1 s1 + \beta_2 s2 + \beta_3 hhi + \varepsilon$$
$$(6-2)$$

模型所用数据来源及其统计特征见表 4-1 和表 6-1。

6.3.2　实证分析

采用面板数据回归模型分别估计模型（6-1）和模型（6-2），随机效应和固定效应的选择依据霍斯曼检验的结果确定，固定效应模型回归采取稳健性标准误。表 6-6 分析了 2008 年电信业兼并重组不同措施对以电信业业务总量作为总产出所获得的全要素生产率及其分解的影响。

表6-6　电信业竞争性改革对全要素生产率及其分解影响的估计（1）

TFP	以电信业务总量为产出计算的全要素生产率及分解			
	tfpch	techch	sech	effch
pop	0.0221*	0.0231*	−0.000920	−0.000920
	(2.28)	(2.41)	(−0.67)	(−0.67)
town	0.0306*	0.0309*	0.00000129	0.00000129
	(2.17)	(2.22)	(0.00)	(0.00)
g1	−0.000241	−0.000446	0.000269	0.000269
	(−0.05)	(−0.10)	(0.40)	(0.40)
g2	−0.00838	−0.00899	0.000470	0.000470
	(−1.13)	(−1.22)	(0.45)	(0.45)
s1	−0.116	−0.150	0.0335*	0.0335*
	(−0.99)	(−1.30)	(2.03)	(2.03)
s2	0.0509	0.0851	−0.0336	−0.0336
	(0.34)	(0.57)	(−1.57)	(−1.57)
hhi	0.429	0.643	−0.208*	−0.208*
	(0.71)	(1.07)	(−2.43)	(−2.43)
_cons	0.651**	0.570*	1.077***	1.077***
	(2.70)	(2.40)	(31.62)	(31.62)
霍斯曼检验P值	0.7031	0.7966	0.7548	0.7548
N	150	150	150	150

注：括号内为t值；＊表示P<0.1，＊＊表示P<0.01，＊＊＊表示P<0.001。

在表6-6中，第一列是变量名，第二列的因变量是全要素生产率，第三列的因变量是技术进步，第四列的因变量是规模效率，第五列的因变量是技术效率。在该模型的回归分析中并未对纯技术效率进行估计。这是因为纯技术效率波动极小，所以无法估计改革对其的影响。正因如此，技术效率的波动完全由规模效率的变化所影响，体现在表6-6中的结果即第四列和第五列的参数估计完全一致。由于在使用面板数据模型估计时，霍斯曼检验的结果显示固定效应不显著，因此在估计过程中，均采用随机效应模型，霍斯曼检验的结果附在表后。

在表6-6显示的回归结果中，移动通信市场集中度指标s1对技术效率及其分解出的规模效率有一个显著的正效应，但是这种正效应并未体现出对全要素生产率的影响。综合对比第二列至第五列中s1的系数，能注意到在15%的水平上，移动通信市场集中度s1对技术进步tech和全要素生产率tfp均有负效应，进一步分解技术效率可以发现这种负效应主要集中于规模效率的变化，说明其负效应主要作用于纯技术效率。与移动通信市场集中度指标s1的表现不同，固定市场集中度指标s2对全要素生产率、技术进步等多个因变量均无显著影响。第二列至第五列中s2的系数均不显著，说明电信业全要素生产率及其分解对固网业务市场集中度变化不敏感。而电信业整体的市场集中度hhi的表现与前两者不同，它的变化集中体现在技术效率及其分解出的规模效率，产生了显著的负效应。综合对比第二列至第五列，可以看出电信业整体市场集中度hhi对全要素生产率的影响主要体现在规模效率上，对全要素生产率和技术进步的影响不显著。

综合考量，移动通信业务市场集中度、固网业务市场集中度和电信业市场集中度这三者对电信业全要素生产率均无显著影响。说明电信业在2008年的兼并改革并未起到预期的积极作用。经计算，表6-6中的结果显示电信业竞争性改革对以电信业业务总量计算的规模效率存在一个负的影响，与表6-5中A处理效应ATT结果相对应。

　　由于表6-6中全要素生产率TFP是以电信业业务总量为总产出计算所得，因此显示的是企业盈利视角下的全要素生产率。表6-6中移动通信业务市场集中度s1与表6-7中同一指标对因变量的影响不同，体现了移动通信业务进入许可对消费者和企业的不同影响。对于消费者，该进入许可在一定程度上削弱了规模效应所带来的好处，但是对于企业，由于竞争带来的刺激使得企业之间能更好地挖掘现有网络设备潜力，提高规模效率。由于长期处于移动通信市场的垄断地位，中国移动会存在过度投资、组织结构臃肿的问题。在中国电信和中国联通进入移动通信市场后，受到刺激的中国移动必须减少过度投资，精简组织规模，使原本可能处于规模效应递减的移动网络收缩，趋近于最优规模经济。最终电信业整体规模效率提高。而固网业务不同，在改革前，固网业务存在一定程度的竞争，在改革后，虽然通过资源优化，固定电话和宽带网络实现共享，但是这两种业务本身就缺乏足够的赢利能力，即使通过整合，在盈利层面仍有不足。最终导致这一改革措施对电信业盈利视角下的全要素生产率及其分解的影响不显著。电信业整体市场集中度的变化对技术效率有显著的负效应，并体现在规模效率上。电信业原本处于一超多强的格局之下，而这次兼并重组促使电信业内形成了"三国争霸"的格局。三家电信运营商在获得移动通信业务牌照和固网业务牌照后，必然会大幅度投资与线路铺设，造成中国电信行业整体的重复建设。特别是固网业务线路铺设。与移动通信业务的基站建设不同，固网业务线路铺设耗时久、成本高、资本回收期长，必然会导致规模效率下降。

表 6-7 分析了 2008 年电信业兼并重组不同措施对以电信业总用户数作为总产出所获得的全要素生产率及其分解的影响。

表 6-7　电信业竞争性改革对全要素生产率及其分解影响的估计（2）

telTFP	以用户数为产出计算的全要素生产率及分解				
	teltfp	teltech	telse	telpe	teleff
pop	−0.0324	0.229	−0.00186	−0.00189	−0.00402
	（−0.75）	（1.37）	（−0.21）	（−0.09）	（−0.18）
town	−0.0519	0.0971	−0.0301*	−0.00361	−0.0330
	（−0.81）	（0.44）	（−2.41）	（−0.12）	（−1.02）
g1	−0.00644	0.0273	−0.00653	−0.00636	−0.0124
	（−0.30）	（0.39）	（−1.56）	（−0.62）	（−1.15）
g2	0.0502	0.275***	0.00818	0.00785	0.0156
	（1.51）	（4.23）	（1.23）	（0.48）	（0.91）
s1	−1.271***	−0.399	0.0305	−0.345	−0.316
	（−3.86）	（−1.43）	（0.29）	（−1.36）	（−1.18）
s2	1.089*	1.334***	0.00122	0.689*	0.692*
	（2.51）	（3.48）	（0.01）	（2.09）	（1.98）
hhi	5.614**	6.552***	0.0660	1.809	1.862
	（3.26）	（4.82）	（0.12）	（1.37）	（1.33）
_cons	−0.760	−6.562*	1.059***	0.227	0.290
	（−1.09）	（−2.61）	（4.94）	（0.43）	（0.52）
霍斯曼检验 P 值	0.3141	0.0428	0.5541	0.8380	0.6573
N	150	150	150	150	150

注：括号内为 t 值；* 表示 P<0.1，* * 表示 P<0.01，* * * 表示 P<0.001。

在表 6-7 中，第一列是变量名，第二列的因变量是全要素生产率，第三列的因变量是技术进步，第四列的因变量是规模效率，第五列的因变量是技术效率。由于在使用面板数据模型估计时，第一列、第三列、第四列和第五列所示模型的霍斯曼检验的结果显示固定效应不显著，因此在估计过程中，均采用随机效应模型，而第二列采用固定效应模型估计，霍斯曼检验的结果附在表后。

在表6-7中所显示的回归结果中，移动通信市场集中度指标 s1 对全要素生产率有一个显著的负效应，但是这种负效应并未体现在有全要素生产率分解所得的技术进步、技术效率和规模效率中，在纯技术效率中也不存在显著影响。综合对比第二列至第五列中 s1 的系数，能注意到在 15% 的水平上，移动通信市场集中度 s1 对技术进步 teltech、技术效率 teleff 均有负效应，进一步分解技术效率可以发现这种负效应主要集中于规模效率的变化，说明电信业的副效应主要作用于规模效率。与移动通信市场集中度指标 s1 的表现相反，固定市场集中度指标 s2 对全要素生产率存在正效应。并且该正效应显著地呈现在技术进步、技术效率和纯技术效率之中。通过对比第二列至第五列中系数的差异，可以发现在 5% 的水平上，电信业固网业务市场集中度 s1 的对全要素生产率的影响主要依赖于对技术进步和纯技术效率的促进作用，规模效率对固网业务市场集中度变化不敏感。而电信业整体的市场集中度 hhi 的表现与前两者不同，它的变化显著促进了全要素生产率的发展，产生了显著的正效应。综合对比第二列至第五列，可以看出电信业整体市场集中度 hhi 对全要素生产率的影响主要体现在技术进步上，对技术效率及其分解出的规模效率和纯技术效率的影响不显著，仅仅在 20% 的基础上显著。

第6章　电信业竞争性改革对全要素生产率的影响

综合考量，移动通信业务市场集中度、固网业务市场集中度和电信业市场集中度这三者对电信业全要素生产率均有显著影响，通过计算，这三者的综合影响为正，说明电信业在2008年的兼并改革起到了一定的积极作用。同时验证了6.3节中的部分猜想。由于这一次电信业竞争性改革在移动通信业务市场引入新的企业，强化了移动通信业务市场内的竞争，因此原本处于移动通信业务垄断地位的中国移动失去了部分市场，损失的这部分客户则加入其他电信企业，并使用其他企业的移动通信业务。由于不同电信企业之间的移动通信业务不通用，当一个用户想要跨企业跨平台交流时，需要付出额外成本，因此相对于改革前只存在单一移动通信业务企业即中国移动时，静态效率会下降。对于电信运营商而言，由于移动通信业务用户被分散，需要建设更多的通信网路（中国联通和中国电信为了确保业务独立性、稳定性和安全性，无法一直租赁中国移动的数据基站，只能自行建立，而这些新的数据基站不可避免会出现重复覆盖的问题，造成整个电信业视角下的重复投资），降低了规模效率。相类似，由于网络外部性的关系，同一电信企业移动网络内用户越多，其外部性所带来的效用值越大，因此对于用户而言，不属于中国移动这一传统垄断者的移动通信业务用户越多，他所需要付出的成本越大，效用就会降低。而对于企业，则体现为范围不经济。这一情况会一直持续，直到三大电信运营商之间达到一个均衡点，即达到最小规模经济和范围经济的点。在此之前，必然会表现为规模不经济和范围不经济。这也是移动通信业务市场集中度会对规模效率造成负效应的主要原因。

与移动通信业务不同，固网业务在早期就存在中国电信、中国网通、中国联通和中国铁通这四个竞争对手。虽然受限于政策，中国电信与中国联通在南北分别在固定电话业务上和宽带业务上竞争，而中国铁通则在不同区域依托于铁路建设自己的网路，参与竞争较少。但是在固网业务市场，竞争是一直存在的。而在这一次改革后，中国移动通过兼并中国铁通获得了固定宽带业务和固定电话业务的经营许可，但是其侧重点一直在移动通信业务，固网业务本身投入不多，基本维持中国铁通原本结构①。因此电信业固网业务的实质变动较小。而开放地域限制，虽然在实质上扩大了电信运营商理论网络覆盖面积和客户数量，但受限于固网业务线路铺设的高成本，中国电信和中国联通在新地区新市场扩张力度有限，因此在规模效率上变化不显著。另外，2008 年的电信业竞争性改革对固网业务的整合使中国联通和中国网通合并，由于固定电话线路与宽带线路之间并不存在显著区别，因此节约了成本，优化了资源配置，因此技术效率，主要是纯技术效率获得了提高。同时宽带业务之间的竞争迫使电信运营商采用光纤替代传统的铜绞线，以降低成本，提高服务质量（更快的网速和更稳定的信号）因此在技术进步上也有显著正效应，最终体现为对全要素生产率的正面影响。

电信业整体市场集中度的变化对全要素生产率有显著的促进作用，这种促进主要体现在技术进步上。由于传统的电信行业是"一超多强"的格局，一方面，每家企业的规模

---

① 中国移动经营策略集中于移动业务，对中国铁通投入甚少，甚至采取了直接租赁中国电信和中国联通的宽带线路和裁员等办法降低成本。

较小，难以独自承担更新技术所需要的巨大资金成本；另一方面，小规模企业难以应对主导企业的压力，无法形成有效竞争，导致电信业整体缺乏竞争，没有更新技术的动力。这一次兼并调整促使电信业内形成了三个较为对称的企业主体，刺激了竞争，迫使企业优化技术提高效率。

表 6-7 中所用的全要素生产率来自电信业务使用总人数，因此上述结论说明，电信业兼并重组对消费者有显著的积极作用。但是 2008 年政府推动电信业竞争性改革的一个直接目的是改善电信业绩效。在第 3 章中，本书验证了电信业竞争性改革确对电信业绩效的影响不显著，虽然解除进入限制提高了电信业绩效，但是企业兼并削弱了进入许可的刺激作用。那么从绩效视角出发，为了验证电信业竞争性改革是否达到预期效果，需要研究不同改革措施与以电信业业务总量为总产出的全要素生产率之间的关系。

综合来看，2008 年政府推动的电信业兼并重组在盈利方面取得的成效不显著，但是显著地促进了电信业服务的发展和扩散。进入许可强化了竞争，市场集中度的上升虽然在一定程度上削弱了竞争带来的益处，但是政府通过这一次改革让消费者分得更多的电信业发展红利。

6.4　小结

本章利用 2003～2011 年的中国电信业省际面板数据研究了 2008 年电信业竞争性改革对电信业全要素生产率及其

分解所得的技术进步、规模效率和纯技术效率的影响。首先，在 6.1 节中，基于曼奎斯特 DEA 计算电信业全要素生产率，并将其分解。在计算过程中分别采用电信业务使用人数和电信业务总量作为产出变量。由此得到两组全要素生产率，分别是代表电信业服务社会能力的 telTFP 和代表电信业盈利能力的 TFP。其次，借助匹配方法在 6.2 节中构建了一个基于反事实框架的处理效应估计模型。在此基础上分析 2008 年的电信业竞争性改革对两种不同的电信业全要素生产率及其分解的影响。最后，在 6.3 节中构建电信业改多种措施对革电信业全要素生产率的影响分析模型，分析 2008 年电信改革中的不同措施对两种电信业全要素生产率及其分解的影响。

由 TFP 及其分解的变动可以看出，处于行政垄断保护下的中国电信业在资源技术效率上显得无力（见图 6-2，纯技术效率无波动）。其发展依赖于规模效率和技术进步。而技术进步的突变发生在 2007 年前后，与 2008 年电信业竞争性改革时间不符，说明两者并不存在显著相关性。6.2 节的分析结果表明，2008 年的电信业竞争性改革对整个电信业盈利能力的影响主要体现在规模效率上，通过兼并重组在一定基础上强化了规模效率。而电信业全要素生产率 TFP 的变动主要是依赖于 2007 年前后电信业务构成的变化。由于在 2007 年移动通信业务对固网业务的替代达到顶峰，价格更高的移动通信业务拉动了整体电信业的收入，促使全要素生产率 TFP 发生巨大变化。进一步的分析表明，2008 年电信业放开对移动通信业务市场的进入限制提高了电信业的规模效率，解除固网业务市场的进入限制无显著影响。相反兼并政策导致电信业的规模效率下降。由于中国移动长期处于垄断地位，它并不会在最优产量处生产，导致规模效率不高，通过引入竞争，迫使移动通信市场上的业务价格向竞争状态下的均衡价格移动，产量会上升，整个行业的规模也会扩大，最终规模效率上升。而兼并政策导致电信运营商之间更易合谋，达成价格协议，促使价格上升，偏离最优规模，进而导致规模效率下降。

telTFP 的变化说明 2008 年电信改革措施对技术进步有极大的促进作用，同时对规模效率也有较为明显的影响。其中，移动通信业务市场的进入许可降低了电信业规模效率，固网业务市场进入许可提高了技术进步和规模效率，企业兼并则提高了技术进步。这一结果与以电信业务总量计算出的生产率取得的分析结果完全不同。

2008 年的电信改革显著提升了从消费者福利的角度估算的全要素生产率和技术进步。与之相对，改革对从电信业综合经济效益角度估算的全要素生产率不存在显著影响。说明在改革前由技术进步带来的红利被电信企业侵占了。改革后，价格下降并向均衡价格靠拢的同时，电信企业所获得的生产者剩余并没有显著下降，而消费者剩余显著上升，无谓损失大幅度减小。最终 2008 年的电信改革成功地提高了消费者剩余，同时提高了消费者福利。

第7章 结论与政策建议

7.1 结论

　　本书以 2008 年电信业兼并重组改革"一揽子"政策之间的内生矛盾作为切入点，依据对市场集中度影响方向的区别将这次改革的"一揽子"政策分解为进入许可和企业兼并两大类，并进一步细分为固网业务市场进入许可、移动通信业务市场进入许可和企业兼并。随后考察了这些政策对电信业效益、消费者福利和全要素生产率三个维度的影响。进而在特定的经济与技术背景下，深入研究 2008 年电信业兼并重组改革对电信业的综合影响。具体来说，本书的第 4 章、第 5 章和第 6 章属于并列关系，其中第 4 章、第 5 章是静态分析，研究电信业兼并重组改革对电信市场的直接冲击；而第 6 章是动态分析，研究电信业兼并重组改革在电信业长期发展中所起的作用。在这三章中，首先使用反事实框架分析电信业竞争性改革的综合影响，在此基础上进一步分析 2008 年政府采取的不同改革措施对电信业绩效、消费者福利和全要素生产率三个层面的影响。总体来说，本书主要尝试回答一个问题，2008 年电信业兼并重组改革是否有效？将之分解为三个问题：2008 年电信业兼并重组改革是否是竞争性改革？这一次改革总体对电信业产生了何种影响？具体到各种细分措施，每种措施对电信业绩效产生了何种影响？固网业务市场进入许可、移动通信市场进入许可和电信业整体市场集中度上升是否改善了电信业收入、提高了消费者福利、促进了全要素生产率增长？综合来看，最终得出的主要结论包括以下几点：

第一，移动通信业务市场进入许可提高了电信业绩效，而固网业务市场进入许可和企业兼并降低了电信业绩效，最终这三者之间相互抵消，导致 2008 年电信业竞争性改革对绩效不存在显著影响。结合中国电信业发展的实际情况，在不存在竞争的移动通信业务市场引入新竞争者，能够修正垄断造成的市场失灵，促进市场调节资源配置功能的正常运转，减少无谓损失，提高电信业的绩效。而在已经存在竞争的固网业务市场，继续强化竞争容易引发"过度竞争"。由于不同电信运营商的固网业务服务和技术没有本质区别，在古诺均衡下，只能通过增加产能来互相竞争，因此"过度竞争"会造成企业重复建设和过度投资，导致整个行业绩效下降。而企业兼并更易促使电信业内形成价格联盟，迫使价格上涨，均衡点移动，造成更多的无谓损失，损害电信业绩效。在明确这几点后，政府完全可以选择缺乏竞争的市场进行干预，强化竞争，增加行业整体收益。

第二，移动通信业务市场进入许可降低了电信业业务平均价格，而固网业务市场进入许可和电信业市场集中度上提高了电信业业务平均价格，最终这三者之间相互抵消，导致2008 年电信业竞争性改革对电信业业务平均价格不存在显著影响。本书关注的是消费者福利而非垄断损失，因此并未估算具体的消费者福利数值，而是通过观察电信业业务平均价格的方式研究 2008 年电信业竞争性改革对消费者福利的影响。与对电信业绩效的研究结论相对应，能够引起电信业绩效上升的因素均会造成价格下降，而造成价格上升的因素反而会降低电信业绩效。出现这一现象的根本原因是：电信业缺乏竞争，电信运营商处于垄断地位，电信业务平均价格长期处于有效竞争条件下的均衡价格之上。电信运营商索取高价格并非依靠技术优势，而是依靠垄断地位。这种高价格会降低整个社会的总剩余，产生大量无谓损失，因此强化竞争则会降低价格，减少无谓损失，增加社会总剩余，最终电信业与消费者取得共赢。

第三，我国电信业的全要素生产率波动主要源于技术进步的贡献，技术效率变动极小，并且这种变动完全来自规模效率的变化。2008 年电信业竞争性改革措施仅对电信业规模效率产生了影响，而对纯技术效率和技术进步没有显著影响。其中，移动通信业务市场进入许可提高了电信业规模效率，而固网业务市场进入许可和电信业市场集中度上升则降低了电信业规模效率，而提高不及抵消的部分，最终导致电信业规模效率下降。由于电信业一直处于国家政策的保护之下，长期处于垄断状态，市场无法发挥优化资源配置的功能，导致纯技术效率始终处于低位，并且没有变化。而国企属性导致电信业从业人员缺乏激励，劳动力投入对效率的提升较小，电信业的增长依赖于资本投入。进一步分析表明，全要素生产率提高依赖于附加值较高的移动通信业务对固网业务的取代，而 2008 年的电信改革对其缺乏引导作用。虽然 2008 年的电信业竞争性改革对电信业绩效和电信业务价格均产生了一定影响，但是这些影响相互牵制、抵消，最终导致整体作用不明显。而这种不显著的影响显然能够在效率分析中得到证实。电信业全要素生产率的变动仍然受到市场需求的影响，政府干预效果不明显。由此可见，2008 年的电信改革并未对电信业发展起到较强的促进作用，通过整合电信业内的运营商，并未达到资源优化、规模经济和技术改进的效果。

第四，2008 年电信业兼并重组改革促使电信业分配发展红利时更倾向于消费者。通过比较这一次改革多重措施对电信业社会服务能力和盈利能力的影响方向与幅度，发现这一次改革整体促使电信业社会服务能力上升，而对电信业盈利能力影响不显著。这说明本次改革在没有削弱电信业盈利能力的基础上增加了电信业社会服务能力。从长远看，本次改革促进了电信业发展，并促使发展红利的分配向消费者倾斜。

第五，综合考虑 2008 年电信业兼并重组改革的直接冲击和长期影响，可以认为此次改革是一次有效的竞争性改革。由于此次改革的直接冲击在一定程度上维持消费者福利不变，并大幅提高了电信业收入，在全社会范围内，此次改革是成功的，增大了全社会的总剩余，因此这一次改革是有效的。同时，在长期影响中，由于此次改革在不影响电信业盈利能力的同时提高了电信业社会服务能力，说明电信业所获得的发展红利总数上升，回馈社会的比重上升。因此可以认为在长期看，此次改革是有效的。结合短期的直接冲击和长期发展的结果，可以判断此次改革将电信业发展的"红利蛋糕"做大，并促使电信业回馈社会更多，总体上是有效的。

7.2 政策建议

2008 年的电信业竞争性改革是中国政府对国有企业改革的一次重要探索，通过放开进入限制，调整产业结构，构造规模相近、业务相同的对称性企业，强化行业内竞争，修复市场对资源配置的基础调节作用，推动行业健康发展，达到企业与消费者双赢的目的。结合本书研究所得结论，提出以下建议：

第一，对存在垄断企业的市场进行调整应以解除进入限制，消除进入壁垒为主。由于历史遗留原因，我国现在仍存在非常多的垄断行业，这些垄断行业或因为规模经济和范围经济带来的"自然垄断属性"或因为"国家安全"甚至是政策传统享受着行政保护。由于全球技术跨越式发展，一部分具有"自然垄断属性"的企业逐渐失去或部分失去了"自然垄断属性"，例如本书所研究的电信行业。因此竞争性改革迫在眉睫。由于这一类企业在所处行业内通常处于绝对垄断地位，适宜打破地域限制和进入限制，最低程度上应保证至少业务范围相同，以避免竞争错位所带来的虚假竞争。

第二，对于已经存在竞争的市场，不需要人为制造新进入者，而应维持现状并保持警惕。依据本书结论，在已经存在竞争的电信业固网业务中引入新进入者会降低电信业绩效，抬高价格。因此对于已经执行过部分市场化改革，处于一种半竞争状态的垄断行业，不应继续增加新竞争者。例如在电力行业中，发电端虽然已经部分市场化，但是输电端仍然处于垄断状态。针对这种情况，进一步的改革需要集中于仍处于垄断状态的部分，而对于已经存在竞争的部分，不妨由反垄断机构保持关注，一旦发现其中企业存在违规行为便迅速介入，依靠《反垄断法》保证市场的资源配置作用正常运行。

第三，慎重考察企业的兼并行为。对于特定行业的调整不应集中于构造对称型大型企业，而应着眼于提供完善的进入退出机制。2008年中国电信业的兼并重组依托于有效竞争理论，试图构建一个对称型市场结构，但效果并未达到预期。这是因为在有效竞争理论中，必须在确保存在一个有效的进入退出机制下才会发生作用，显然中国电信业并不存在这样一个机制。在我国，行政垄断行业一个典型的特点是能进不能出，现有的企业缺乏退出机制，即使真正发生竞争，竞争中失利的企业也无法顺利退出，由于国有企业具有资金"软约束"的特点，处于成本劣势的企业依然能获得银行贷款，将低效率传入如金融业，进一步扩散至整个社会，造成效率的进一步降低。另外，通常处于行政垄断的行业之中企业数量偏少，一旦执行兼并，不可避免地会造成行业内市场势力上升，再加上通常行政垄断保护的企业都具有国有属性，经常发生"旋转门"现象，导致行业内企业极易形成价格联盟，操纵价格，导致供给减少，增大无谓损失，同时减少社会和消费者剩余。因此，当深化市场在资源配置的基础作用改革时，慎重考察企业兼并行为，并构建一个合理有效可行的退出机制是一个势在必行的行为。

第四，制定竞争政策时更应注重促进行业的长期发展。竞争政策通常是长期措施，难以在中期进行调整。一方面，由于决策者对一个行业的绩效变化存在一个认知过程，因此决策者依照行业绩效反馈调整政策十分困难，导致政策具有时滞性，无法按照制定者意愿精准控制作用时间。另一方面，特定政策在短期内可能是有效的，但是在长期过程中可能反而阻碍行业发展，如早期的"接入价格规制"（由于技术变化，接入价格规制起到了与规制制定者相反的作用）。因此，在制定过程中必须预先考虑政策的长期作用，将政策的长期影响放在政策评估的首位。

参考文献

［1］白让让，王光伟．结构重组、规制滞后与纵向圈定——中国电信、联通"反垄断"案例的若干思考［J］．中国工业经济，2012（10）：135-147．

［2］保罗·萨缪尔森，威廉·诺德豪斯．经济学［M］．北京：机械工业出版社，1998．

［3］布劳格．20世纪百名经济学巨匠［M］．北京：中国经济出版社，1992．

［4］蔡呈伟，于良春．中国电信业重组改革的效果与启示——基于反事实框架的实证分析［J］．经济与管理研究，2016（1）：70-76．

［5］蔡呈伟．论"互联网+"背景下竞争政策的意义［J］．现代经济探讨，2016（4）：20-24．

［6］陈富良．中国移动通信市场的规制与竞争［J］．财经论丛，2008（1）：16-21．

［7］陈嘉良．自然垄断行业引入竞争政策的价值分析［J］．山西财经大学学报，2011（S3）：35，41．

［8］陈洁，吕廷杰．从全要素生产率变动看我国电信改革成效［J］．北京邮电大学学报（社会科学版），2006，8（4）：37-40．

［9］陈卫华．中国电信市场的有效竞争研究［M］．北京：中国经济科学出版社，2005．

［10］陈小洪．中国电信业：政策、产业组织的变化及若干建议［J］．管理世界，1999（1）：126-138．

［11］仇明．英国与世界电力改革及其对我国的启示［J］．数量经济技术经济研究，2002（1）：117-121．

［12］崔军．"营改增"对电信企业的影响及对策研究［J］．经济问题，2014（8）：94-98．

［13］丁道勤．我国互联网行业的产业政策与竞争政策的协调适用研究［J］．电子知识产权，2013（10）：60-63．

［14］范合君，戚聿东．我国垄断产业改革进程测度研究［J］．经济与管理研究，2011（3）：35-41．

［15］范合君，戚聿东．治理模式、规制变迁及其下一步：由5类垄断产业破题［J］．改革，2011（1）：32-39．

［16］范合君，戚聿东．中国自然垄断产业竞争模式选择与设计研究——以电力、电信、民航产业为例［J］．中国工业经济，2011（8）：47-56．

［17］付强．规模报酬递增的第二种机制：为什么重复建设与规模效率的提高可以并存［J］．中国工业经济，2011（2）：68-78．

［18］高锡荣，刘伟．中国电信市场的需求关系估计与需求效应分析［J］．数量经济技术经济研究，2007，24（4）：26-34．

［19］高锡荣．中国电信市场的结构演变、产品创新与效率评价［D］．重庆：重庆大学博士学位论文，2007．

［20］高锡荣．中国电信市场的去垄断改革与技术进步

[J]. 经济科学，2008（6）：66-77.

[21] 顾强，郑世林. 中国电信体制改革政策配套效果研究 [J]. 中国工业经济，2012（8）：56-68.

[22] 顾成彦，胡汉辉. 基于 Malmquist 指数的我国电信业动态效率研究 [J]. 软科学，2008，22（4）：54-57.

[23] 郭磊，蔡虹. 基于专利组合分析的中国电信产业技术创新能力研究 [J]. 科学学与科学技术管理，2013（9）：77-85.

[24] 何霞，刘闯，曹珅珅. 电信市场差别定价中的反垄断问题 [J]. 北京工商大学学报（社会科学版），2010（2）：114-117.

[25] 何瑛，白瑞花. 基于 AHP 的电信运营企业战略绩效模糊综合评价 [J]. 经济与管理研究，2011（10）：86-92.

[26] 胡济洲，奚江惠，侯远潮，王骏，蔡小勇. 英、美新一轮电力改革制度及借鉴 [J]. 经济纵横，2005（10）：51-54.

[27] 胡苏皓. 自然垄断的边界变化与竞争效率——对中国电信业改革的探讨 [J]. 华东经济管理，2008，22（4）：61-65.

[28] 黄海波. 中国电信业市场结构的演变及面临的问题——规制与竞争：理论和政策 [M]. 北京：社会科学文献出版社，2000.

[29] 张昕竹. 中国规制与竞争：理论和政策 [M]. 北京：社会科学文献出版社，2000.

[30] 简泽，永瑞. 企业异质性、竞争与全要素生产率的收敛 [J]. 管理世界，2012（8）：15-29.

［31］姜春海，李怀．自然垄断理论述评［J］．当代经济研究，2003（5）：50-55.

［32］姜春海，田露露，王敏．"厂网分开"是否有效改善了火电企业经营绩效——基于上市公司面板数据的实证分析［J］．财经论丛，2015（5）：107-112.

［33］纪国涛．中国移动通信业价格竞争：一个基于垄断租金维度的解释［J］．当代经济，2011（2）：11-13.

［34］卡尔·夏皮罗，哈瓦·瓦里安．信息规则：网络经济的策略指导［M］．张帆译．北京：中国人民大学出版社，2000.

［35］康飞．我国国有电信业竞争对移动网络投资及效率影响研究［D］．北京：北京邮电大学博士学位论文，2012.

［36］黎来芳，叶宇航，孙健．市场竞争、负债融资与过度投资［J］．中国软科学，2013（11）：91-100.

［37］李雷，忻展红．电信运营商业务投资的优化模型［J］．重庆邮电大学学报（社会科学版），2008（2）：17-19.

［38］李荣华，傅天明，欧阳晓风．中国移动"一家独大"的经济学分析［J］．财经科学，2007（6）：81-90.

［39］李再扬，杨少华．中国省级电信业技术效率：区域差异及影响因素［J］．中国工业经济，2010（8）：129-139.

［40］李文乐，刘孟飞．网络融合与中国电信业市场绩效——基于随机边界模型的实证分析［J］．中国科技论坛，2014（7）：56-60.

［41］连海霞．有效竞争与中国电信业管制体制改革［J］．经济评论，2001（4）：68-71.

［42］林卫斌，陈东，胡涛．垄断行业市场化改革的经济机理与潜在风险——以电力行业为例［J］．经济学家，2010（11）：51-57.

［43］吕志勇，陈宏民，李瑞海．中国电信产业市场化改革绩效的动态博弈分析［J］．系统管理学报，2005，14（1）：62-67.

［44］刘戒骄．英国电信产业的放松管制和对主导运营商 BT 的再管制［J］．中国工业经济，2002（1）：32-40.

［45］刘劲松．中国电信业竞争性改革重组过程中的全要素生长率增长及内外影响因素研究［D］．北京：北京邮电大学博士学位论文，2014.

［46］刘孟飞．网络融合与规制改革下的中国电信业绩效演进机理研究——基于经济绩效与社会绩效的比较［J］．财经论丛，2014（9）：90-97.

［47］刘孟飞．网络融合下的中国电信业效率评价及其影响因素研究［J］．产经评论，2014（2）：79-92.

［48］刘伟．基于纵向垄断市场结构的规制定价研究［D］．重庆：重庆大学博士学位论文，2003.

［49］刘蔚．我国网络型基础产业改革的绩效分析——以电信、电力产业为例［J］．工业技术经济，2006（8）：80-82.

［50］刘志铭．市场过程、产业组织与支付规制：奥地利学派的视角［J］．经济评论，2002（3）：95-98.

［51］刘军，武鹏，刘玉海．中国电信产业产出效率分析［J］．统计与信息论坛，2010，25（5）：47-52.

［52］柳学信．网络产业接入定价与互联互通管制——

对我国电信业互联互通问题的分析 [J]. 中国软科学,
2004（2）：56-60.

[53] 柳学信. 中国垄断行业的竞争状况研究 [J]. 经济管理, 2006（1）：16-23.

[54] 卢安文. 我国移动通信市场价格竞争的动态博弈模型 [J]. 企业经济, 2007（7）：103-105.

[55] 卢华玲, 邓珠旋子, 周燕. 电信业固定资产投资与业务收入关系实证研究 [J]. 财会通讯, 2014（23）：35-39.

[56] 吕昌春, 康飞. 我国电信行业市场竞争、区域差异与生产效率 [J]. 数量经济技术经济研究, 2010（2）：78-92.

[57] 马凌, 王瑜. 三网融合下电信产业价值链链接吸纳效应研究 [J]. 企业经济, 2011（9）：76-79.

[58] 孟领. 群决策视角下的城镇居民家庭消费决策研究——以通信消费为例 [J]. 经济与管理研究, 2011（4）：38-42.

[59] 明秀南, 陈俊营. 中国电信行业市场势力与效率：基于 NEIO 方法的实证研究 [J]. 贵州财经大学学报, 2014（4）：75-81.

[60] 聂光华. 基于 Stackelberg 博弈的天然气定价机制研究 [J]. 中国石油大学学报（自然科学版）, 2013（6）：184-188.

[61] 欧阳恩山. 不对称移动网间结算模型及其政策建议 [J]. 管理世界, 2007（5）：166-167.

[62] 彭武元, 方齐云. 论自然垄断产业的有效竞争——兼评王俊豪等学者的观点 [J]. 华中科技大学学报

（社会科学版），2004（2）：38-42.

[63] 戚聿东. 我国自然垄断产业分拆式改革的误区分析及其出路 [J]. 管理世界，2002（2）：74-80.

[64] 戚聿东. 我国自然垄断产业改革的总体指导思想 [J]. 经济学动态，2002（8）：42-46.

[65] 契尔·艾里亚森. 全球环境下的政治进程和技术变革——政府与电信改革 [M]. 北京：北京国家行政学院出版社，2002.

[66] 乔岳，周利华. 中国电力产业的绩效研究——基于随机前沿模型的分析 [J]. 山西财经大学学报，2010（12）：67-73.

[67] 让·雅克·拉丰，让·泰勒尔. 电信竞争 [M]. 北京：人民邮电出版社，2000.

[68] 邵宜航，步晓宁，张天华. 资源配置扭曲与中国工业全要素生产率——基于工业企业数据库再测算 [J]. 中国工业经济，2013（12）：39-51.

[69] 宋灵恩. 世界主要电信管制改革模式比较研究 [J]. 中州学刊，2007（5）：70-72.

[70] 孙巍，李何，何彬，叶正飞. 现阶段电信业市场结构与价格竞争行为关系的实证研究 [J]. 中国工业经济，2008（4）：73-81.

[71] 孙伟. 异质化效用与我国汽车工业技术动态创新关系研究 [J]. 科技进步与对策，2012（21）：64-68.

[72] 唐孝文，刘敦虎，肖进. 企业战略转型过程及作用机理研究——以中国电信为例 [J]. 管理现代化，2014（2）：33-35.

［73］陶长琪，王志平．随机前沿方法的研究进展与展望［J］．数量经济技术经济研究，2011（11）：148-160．

［74］汪贵浦．中国电信业的幼稚保护与产业政策分析［J］．重庆邮电学院学报（社会科学版），2001（2）：10-14．

［75］王俊豪．美国本地电话的竞争政策及其启示［J］．中国工业经济，2002（12）：41-47．

［76］王廷惠．自然垄断边界变化与政府管制的调整［J］．中国工业经济，2002（11）：23-30．

［77］王文峰．促进电信业有效竞争的制度逻辑［J］．同济大学学报（社会科学版），2004，15（1）：42-47．

［78］王晓明，李仕明，倪得兵．网络外部性下的电信业务服务质量和定价的博弈分析［J］．系统工程理论与实践，2013（4）：910-917．

［79］王智强，王明照．转换成本对电信市场的影响［J］．管理工程学报，2002（3）：106-108．

［80］吴福象，蔡悦．垂直技术转让、策略性进入行为与竞争政策规制［J］．世界经济研究，2013（4）：10-17，87．

［81］吴基传．世界电信业：分析与思考［M］．北京：新华出版社，2001．

［82］吴延兵．企业规模、市场力量与创新：一个文献综述［J］．经济研究，2007（5）：125-138．

［83］夏大慰．产业组织与公共政策：芝加哥学派［J］．外国经济与管理，1999（9）：3-6．

［84］肖兴志，姜晓婧．中国电信产业改革评价与改革次序优化——基于产权、竞争、规制的动态面板模型［J］．经济社会体制比较，2013（2）：193-204．

［85］肖兴志，孙阳．中国电力产业规制效果的实证研究［J］．中国工业经济，2006（9）：38-45.

［86］徐士英．竞争政策与反垄断法实施［J］．华东政法大学学报，2011，14（2）：110-116.

［87］杨少华，李再扬．中国电信业生产率变动及其分解：基于DEA-Malmquist指数法的分析［J］．经济学家，2010（10）：64-71.

［88］杨秀玉．中国电信产业行政垄断及其绩效的实证分析［J］．上海财经大学学报，2009（4）：49-56.

［89］杨艳．对自然垄断理论的评价与再认识［J］．经济科学，2002（2）：81-87.

［90］于良春，丁启军．自然垄断产业进入管制的成本收益分析——以中国电信业为例的实证研究［J］．中国工业经济，2007（1）：14-20.

［91］于良春，黄莉．英、美电信产业管制体制之比较研究及其对我国的启示［J］．经济评论，2002（5）：118-121.

［92］于良春，王建平．市场需求、规模经济性与固定通信行业自然垄断性的清除［J］．天津商学院学报，2007（1）：12-17.

［93］于良春，杨骞．行政垄断制度选择的一般分析框架——以我国电信业行政垄断制度的动态变迁为例［J］．中国工业经济，2007（12）：38-45.

［94］于良春．论电信产业的政府规制［J］．东岳论丛，2004（2）：154-159.

［95］于良春．论自然垄断与自然垄断产业的政府规制［J］．中国工业经济，2004（2）：27-33.

［96］张建平，陈景艳，秦秋莉．美国电信体制改革及其对我国电信业竞争性改革的启示［J］．数量经济技术经济研究，2001（12）：118-120.

［97］张权，王红亮．中国电信业去垄断化改革前后经济效率比较［J］．西安邮电大学学报，2013（4）：80-84.

［98］张欣，曲创．纵向分离、进入壁垒与电信行业改革［J］．经济与管理研究，2017，38（1）：45-56.

［99］张宇等．电信资费政策与有效竞争分析［J］．电子科技大学学报（社会科学版），2003，5（4）：16-19.

［100］张宇燕．国家放松管制的博弈——以中国联合通信有限公司的创建为例［J］．经济研究，1995（6）：73-80.

［101］赵新刚，郭树东．价格上限管制与投资回报率管制——美国电信行业价格管制方法借鉴［J］．中国物价，2006（7）：51-54，38.

［102］郑加梅，夏大慰．激励性规制对中国电信业全要素生产率的影响——基于省际动态面板数据的实证研究［J］．财经研究，2014（2）：85-96.

［103］郑世林，张昕竹．经济体制改革与中国电信行业增长：1994—2007［J］．经济研究，2011（10）：67-80.

［104］郑世林，周黎安，何维达．电信基础设施与中国经济增长［J］．经济研究，2014，49（5）：77-90.

［105］郑世林．市场竞争还是产权改革提高了电信业绩效［J］．世界经济，2010（6）：118-139.

［106］Anstine D B. How Much Will Consumers Pay? A Hedonic Analysis of the Cable Television Industry［J］．Review of Industrial Organization，2001，19（2）：129-147.

［107］ Bortolotti B，D'Souza J，Fantini M，et al. Privatization and the Sources of Performance Improvement in the Global Telecommunications Industry ［J］. Telecommunications Policy，2002，26（5-6）：243-268.

［108］ Bourreau M，Doğan P. Regulation and Innovation in the Telecommunications Industry ［J］. Telecommunications Policy，2001，25（3）：167-184.

［109］ Briglauer W. Generic Reference Model for the Analysis of Relevant Communications Markets：Fundamental Competition Concepts ［J］. Info，2004，6（2）：93-104.

［110］ Caves D W，Christensen L R，Diewert W E. Multilateral Comparisons of Output，Input，and Productivity Using Superlative Index Numbers ［J］. Economic Journal，1982，92（365）：73-86.

［111］ Clark J M. Toward a Concept of Workable Competition ［J］. American Economic Review，1940，30（2）：241-256.

［112］ Clarkson K W，Miller L R. Industrial Organization：Theory，Evidence，and Public Policy ［M］. McGraw-Hill，1982.

［113］ Coelli T J，Rao D S P，O'Donnell C J，et al. An Introduction to Efficiency and Productivity Analysis ［M］. Springer US，2005.

［114］ David E. Burnstein. An Examination of Market Power in the Intrastate Long-Distance Telephone Service Markets：Evidence from a Natural Experiment ［J］. The Journal of Law and Economics，2005，48（1）：149-171.

［115］ Distaso W，Lupi P，Manenti F M. Platform Competition and Broadband Uptake: Theory and Empirical Evidence from the European Union [J]. Information Economics & Policy, 2006, 18 (1): 87-106.

[116] Emeterio S. Solivas, Girly M. Ramirez and Allan N. Manalo: The Propensity Score Matching for Correcting Sample Selection Bias, 10th National Convention on Statistics (NCS), 2010.

[117] Faulhaber G. Network Effects and Merger Analysis: Instant Messaging and the AOL-Time Warner Case [J]. Telecommunications Policy, 2002, 26 (5-6): 311-333.

[118] Fink C, Mattoo A, Rathindran R. An Assessment of Telecommunications Reform in Developing Countries [J]. Information Economics & Policy, 2003, 15 (4): 443-466.

[119] Fumagalli C, Ronde T. Exclusive Dealing: Investment Promotion May Facilitate Inefficient Foreclosure [C]. Bocconi University, 2011.

[120] Gao P, Yu J, Lyytinen K. Government in Standardization in the Catching-up Context: Case of China's mobile System [J]. Telecommunications Policy, 2014, 38 (2): 200-209.

[121] Gao X, Chen Z, Xu L. Estimation of Demand Elasticity of Chinese Mobile Voice Communication Market [J]. International Journal of Advancements in Computing Technology, 2012, 4 (17): 317-325.

[122] Gasmi F, Laffont J J, Sharkey W W. The Natural Monopoly Test Reconsidered: An Engineering Process-based Approach to Empirical Analysis in Telecommunications [J]. International

Journal of Industrial Organization, 2002, 20 (4): 435-459.

[123] Hausman J A, Leonard, G. K., Sidak, J. G. Does Bell Company Entry into Long-Distance Telecommunications Benefit Consumers [J]. Antitrust Law Journal, 2002, 70 (2): 463-484.

[124] Hausman J A, Ros A J. An Econometric Assessment of Telecommunications Prices and Consumer Surplus in Mexico Using Panel Data [J]. Journal of Regulatory Economics, 2013, 43 (3): 284-304.

[125] Hazlett T W, Weisman D L. Market Power in US Broadband Services [J]. Review of Industrial Organization, 2011, 38 (2): 151-171.

[126] Hisali E, Yawe B. Total Factor Productivity Growth in Uganda's Telecommunications Industry [J]. Telecommunications Policy, 2011, 35 (1): 12-19.

[127] Hou L. On Market, Competition and Regulation in the EU Telecom Sector [J]. Social Science Electronic Publishing, 2015.

[128] Hou L. Reshaping Market, Competition and Regulation in EU Utility Liberalization: A Perspective from Telecom [J]. Common Market Law Review, 2015, 52 (4): 977-1007.

[129] Jordinson F, Lockwood R. Is Telecommunications Regulation Efficient? An International Perspective [J]. Tax Policy and the Economy, 1998 (12): 364-377.

[130] Kang F, Hauge J A, Lu T J. Competition and Mobile Network Investment in China's Telecommunications Industry [J].

Telecommunications Policy, 2012, 36（10-11）: 901-913.

［131］Katz M L, Shapiro C. Systems Competition and Network Effects［J］. Journal of Economic Perspectives, 1994, 8（8）: 93-115.

［132］Katz M L. Ongoing Reform of U. S. Telecommunications Policy［J］. European Economic Review, 1997, 41（3-5）: 681-690.

［133］Kang C C. Liberalization Policy, Production and Cost Efficiency in Taiwan's Telecommunications Industry［J］. Telematics & Informatics, 2010, 27（1）: 79-89.

［134］Kim J, Kim Y, Gaston N, et al. Access Regulation and Infrastructure Investment in the Mobile Telecommunications Industry［J］. Telecommunications Policy, 2011, 35（11）: 907-919.

［135］L Lim J, Nam C, Kim S, et al. A New Regional Clustering Approach for Mobile Telecommunications Policy in China［J］. Telecommunications Policy, 2015, 39（3）: 296-304.

［136］Laffont J J, Tirole J. Access Pricing and Competition［C］//Massachusetts Institute of Technology（MIT）, Department of Economics, 1994.

［137］Lam P L, Shiu A. Productivity Analysis of the Telecommunications Sector in China［J］. Telecommunications Policy, 2008, 32（8）: 559-571.

［138］Lannier A L, Porcher S. Efficiency in the Public and Private French Water Utilities: Prospects for Benchmarking

［J］. Applied Economics, 2014, 46（5）: 556-572.

［139］Li G. Competitiveness of CDMA Network of Shenyang Branch of China Unicom［J］. Journal of Eastern Liaoning University, 2007.

［140］Li W, Xu L C. The Impact of Privatization and Competition in the Telecommunications Sector around the World［J］. The Journal of Law and Economics, 2004, 47（2）: 395-430.

［141］Liu C, Jayakar K. The Evolution of Telecommunications Policy－making: Comparative Analysis of China and India［J］. Telecommunications Policy, 2012, 36（1）: 13-28.

［142］Mandy D M, Sappington D E M. Incentives for Sabotage in Vertically Related Industries［J］. Journal of Regulatory Economics, 2007, 31（3）: 235-260.

［143］Rosenhaum P R, Rubin D B. The Central Role of the Propensity Score in Observational Studies for Causal Effects［J］. Biometrika, 1983, 70（1）: 41-55.

［144］Rubin D B. Estimating Causal Effects of Treatments in Randomized and Nonrandomized Studies［J］. Journal of Educational Psychology, 1974, 66（5）: 688-701.

［145］Seo D, Shin J. The Impact of Incentive Regulation on Productivity in the US Telecommunications Industry: A Stochastic Frontier Approach［J］. Information Economics & Policy, 2011, 23（1）: 3-11.

［146］Sharkey W W. The Theory of Natural Monopoly［M］//The theory of natural monopoly. Cambridge University Press, 1982.

［147］Shin R T, Ying J S. Unnatural Monopolies in Local Telephone ［J］. Rand Journal of Economics, 1992, 23 （2）: 171-183.

［148］Shy O. The Economics of Network Industries ［J］. Southern Economic Journal, 2002, 4 （5）: 64.

［149］Sosnick S H. A Critique of Concepts of Workable Competition ［J］. Quarterly Journal of Economics, 1958, 72 （3）: 380-423.

［150］Stigler G J. Public Regulation of the Securities Markets ［J］. Journal of Business, 1964, 37 （2）: 117-142.

［151］Stigler G J. The Theory of Economic Regulation ［J］. Bell Journal of Economics, 1971, 2 （1）: 3-21.

［152］Sung N, Gort M. Economies of Scale and Natural Monopoly in the U. S. Local Telephone Industry ［J］. Review of Economics & Statistics, 2006, 82 （4）: 694-697.

［153］Swann G M P. The Functional form of Network Effects ［J］. Information Economics & Policy, 2002, 14 （3）: 417-429.

［154］Symeonidis G. Downstream Merger and Welfare in a Bilateral Oligopoly ［J］. International Journal of Industrial Organization, 2009, 28 （3）: 230-243.

［155］Szabolcs Lörincz. Cost Structure and Complementarity in U. S. Telecommunications, 1989-1999 ［J］. Information Economics & Policy, 2006, 18 （3）: 285-302.

［156］Tabacco G A. Does Competition Spur Innovation? Evidence from Labor Productivity Data for the Banking Industry

[J]. Economics Letters, 2015 (132): 45-47.

[157] Thanassoulis E. Benchmarking with DEA, SFA, and R [M]. Springer New York, 2011.

[158] Verde S. Everybody Merges with Somebody—The Wave of M&As in the Energy Industry and the EU Merger Policy [J]. Energy Policy, 2008, 36 (3): 1125-1133.

[159] Vernon, Mitcham J. Economics of Regulation and Antitrust [M]. MIT Press, 1995.

[160] Voulgaris F, Lemonakis C. Competitiveness and Profitability: The Case of Chemicals, Pharmaceuticals and Plastics [J]. Journal of Economic Asymmetries, 2014, 11 (11): 46-57.

[161] Ward M R, Zheng S. Mobile and Fixed Substitution for Telephone Service in China [J]. Telecommunications Policy, 2012, 36 (4): 301-310.

[162] Wernerallen G, Lorincz K, Welsh M, et al. Deploying a Wireless Sensor Network on an Active Volcano [J]. IEEE Internet Computing, 2006, 10 (2): 18-25.

[163] Wilson W W, Zhou Y. Costs, Productivity, and Firm Heterogeneity in Local Telephone Markets [J]. Journal of Regulatory Economics, 1997, 11 (3): 291-310.

[164] Winston C. Government Failure versus Market Failure [J]. Washington, 2007, 68 (1): 193-194.

[165] Xia J. Competition and Regulation in China's 3G/4G Mobile Communications Industry - Institutions, Governance, and Telecom SOEs [J]. Telecommunications Policy, 2011, 36

（7）：503-521.

[166] Yaginuma H. Oz Shy, The Economics of Network Industries Cambridge UP 2001 [J]. Hosei Journal of Business, 2001（38）：73-75.

[167] Zhang J, Zhong W. Advertising Competition and Pricing under Information Communication [J]. Journal of Systems Engineering, 2016.